JN009254

子どもが光る
あったかい しかり方&ほめ方

親の気持ちも　ラクになる

すずきともこ

農文協

まえがき

「私が育てて大丈夫かな」、不安の中で始めた育児。わからないことがたくさんありました。

とくに私は、自分の親の育て方をできるだけ繰り返したくないと思っていました。支配とコントロール、条件付きの愛、暴言や暴力を受けて育ったからです。ほめられたことも、ほぼありませんでした。

父親は軍隊経験があり、妻と子に暴力をふるい、アルコールなどに依存していました。母親は家族を養う大黒柱で家事もしていて、忙しくて子どもにあまりかまいませんでした。

代わりに、無職の父が育児の大半を担当しましたが、過干渉で教育虐待もあり、軍隊式のスパルタ教育と体罰で育てました。両親もがんばって育ててくれましたが、戦後の焼け野原から立ち上がった世代で、心のケアなどもないままで、限界があったのでしょう。

でも、現代では自分がしてもらった通りに子どもを育てたら、児童相談所に通報されてしまいます。また、私自身も他の、もっとおだやかな方法で育児したいと願っていました。

そこで、心理やカウンセリング、コミュニケーション、家族問題、いろいろな講座に行きました。保育付きでない講座には、ベビーシッターを雇って通いました（育児講座がほとんどなかった時代でした）。

さまざまな方面から学び続け、子どもたち4人を育てながら、試行錯誤して育児を変えようとしてきました。また、自分自身の子ども時代と向き合うこととなり、その作業は、私の心を明るく楽にしていきました。

一方で、長年、育児支援活動を続けて、孤立して育児に悩む親たちの声を聴いてきました。

そして今は、育児法や「子どもの心を聴ける親になる」方法、家族とのコミュニケーションなどを、講座やブログでお伝えしています。その中の「子どもが光る、あったかいしかり方&ほめ方」講座の内容を、この本にまとめました。また、ブログの「講座でのご質問&答」の一部を書き直して掲載しています。

安全で安心で、おだやかな育児を知りたいとき、めざしたいときのお役に立ったら、とてもうれしいです。

目次

Contents

第2章　親とは？　子とは？　「しかる」とは？

第3章　子どもが光る、あったかいしかり方&ほめ方

第4章　今からでも育児は変えられる

本文中のイラスト：すずき　ともこ

第1章

Q＆A

こんなときどうしますか？

1　子どもの心を守りたい

Q　なんでもさわろうとする、1歳の子がいます。「ダメ」と言わずにしかる方法はありませんか？

　毎日、何十回も「ダメ」と言ってしまっています。ずっと否定され続けて、子どもの心によくないのではと心配しています。でも、さわっていけないものは、やはりダメだし…。どう言ったらいいでしょうか？

A　1歳のお子さんは好奇心旺盛で、なんでもさわろうとしますよね。

Q　そうなんですー

A　たしかに、「ダメ」とばかり言うのは、気になりますよね。お子さんの「やる気」に影響するかもしれません。

Q　やっぱり！　そうですよね！

A　はい！　赤ちゃんが好奇心旺盛なのは、やる気があって、成長のためにとてもいいことです。思う存分いろいろなものにさわったり、動き回ったりすると、将来、「自分で考えて自分から動く」行動力のある大人になれるそうです。

　でも、危ないものや大事なものには、さわらないように止めなくてはなりませんよね。そのときに、「ダメ」という言葉を使わずに、止める言い方があります。

Q　わー、知りたいです！

A　まず最初に、「これにさわりたいのね。うんうん。きれいだものね。さわりたいよね」**とさわりたい気持ちを認めて、受けとめます。**

　それから、「でも、これはお店の商品だからね。お店の大事な物なんだ。私たちの物じゃないの。買ったらさわれるけど、これは今日は買わないから、さわれないの」**とさわれない理由を説明して、**「ごめんなさいね。棚に置いておこうね」と伝えます。

　他にも、「包丁にさわりたいんだね。ママやパパがいつも使っているものね。やってみたいのかな。面白そうだものね。
でも、これにさわると、ケガをしてしまうかもしれないんだ。『痛い痛い』になって、血が出ることがあるんだよ。そうなったら心配だから、まださわらせてあげられないんだ。○○ちゃんが大事だから。
ごめんねえ。もう少し大きくなったら、一緒に料理しようね。それまで、2、3年、待っててね」とか。
今、「ダメ」という言葉を一度も使わずに話しました。どうでしょう?

Q あー、ほんとだ！「ダメ」と言わなくても止められますね！　メモメモ。

A はい！　状況に合わせて、アレンジしてくださいね。思いやりをもって言うのがポイントです。そのやさしい雰囲気と、誠実に説明する姿勢で、赤ちゃんは「なにか理由があるんだな」と察します。
もちろん、大人がやさしく説明しても、赤ちゃんの気持ちがおさまらなくて「さわりたいよお！」と泣く場合もあります。そういうときは、「うんうん、さわりたいよね」「さわりたかったねえ」と明るい雰囲気で、お子さんの自然な気持ちを受けとめましょう。

(例)
子ども「あーっ！　あーっ！」
大人「さわりたかったねえ」
子ども「わーん、わーん」
大人「うんうん、そうだよねえ、やってみたかったねえ」

気持ちがスッキリして泣きやむまで、ゆったりと、適度に間をあけて、声をかけます。
そうすると、だんだんお子さんの心が落ち着いていき、気持ちを発散し終えて泣きやんだときには、びっくりするほどおだやかになります。

1歳の子も、説明すると考えます。

Q 子どもが言うことを聞かないときに、その子が楽しみにしていることを禁止する方法は、よくないでしょうか？

A はい。「子どもから何かを取り上げる」「禁止する」というやり方は、「罰を与える」方法ですよね。

「罰を与える」方法は、ダメージを与える方法です。たたいたりしないのでソフトに見えるかもしれないですが、実は、体罰と同じように、子どもの心によくないのです。

また、もしも言うことを聞いたとしても、「子どもの大切なものや楽しみを取り上げる」方法で子どもが大人に従うのは、一時的なことです。

子どもは納得していないので、長続きしません。

Q そうか…。うーん。

A 長い目で見ると、意外な面で、よくない影響があったりします。

たとえば「自分が楽しみにしていることは、人に言わない」など不自然な習慣が身につく可能性があります（禁止されないように、用心するために）。

すると、楽しみや幸せを、他の人と分かち合うことがむずかしくなります。それに、やりたいことを人に言わないでいると、周囲の人から協力や応援をしてもらえません。人とつながれずに孤立していったり、人生が閉ざされていったりしてしまいます。

『愛と心理療法』（M・スコット・ペック著、氏原寛・矢野隆子訳／創元社）という本に、その実例が出てきます。

「言うことを聞かなかったから、楽しみにしていたことをやめさせられる（大好きなおばさんの家に行く約束など）」という子ども時代の体験が、大人になっても影響してしまった人の話が載っています。自分のやりたいことがのびのびと自由にできなくなり、長年、苦しんだそうです。

Q えー！ 子どもがそうなったら、いやです！

A そうですよね。

私が子どものころは、「罰を与える」方法が多かったです。学校でも、先生が生徒を廊下に立たせたりしていました。子どもに罰を与える風景をたくさん見てきて、慣れてしまった大人が、子どもに罰を与えたくなるのは無理もないと思います。自分は、そうされてきたのですから。

でも、気づいた人からやめていくことができます。**罰を与える方法は、子どもは納得していないので長続きせず、しかも、将来に悪影響があるのです。**

もしもピンとこないときは、自分の場合を想像してみてください。

たとえば、「洗濯と掃除が終わっていないから、仲良しの友人と会う約束をやめさせられる」としたら、どう思いますか？「家事がカンペキにできていないから」と文句を言われたうえに「楽しみにしている用事を禁止される」、そして、行けないのは「自分が家事をカンペキにできなかったからで、自分がわるいのだ」と思わされる。ちなみに、これはカップルの間で行なわれた場合、精神的なDV（ドメスティックバイオレンス）となります。

他にも、「仕事の売り上げ目標を達成できなかったら、休日に外食や釣りやゴルフ、スポーツ観戦禁止。芝居や映画を観るのも禁止」と言われる状況を思い浮かべてみてください。どうでしょうか？

いかに理不尽か？「それとこれは関係ないだろう！」と言いたくなりませんか？それに、逆に「やる気」が減ってしまいませんか？

Q わー！ なるほど！ よくわかりました！

A もう、パワーハラスメントや、モラルハラスメントですよね。ただ、DVやパワハラ、モラハラをする大人は、自分が子ども時代にされたことや、身近で目撃したことを再現しているのだと思います。

子どもの人格を尊重し、しかり方を安全なものに変えたら、将来のDVやパワハラ、モラハラをなくしていくことができて、長い目で見ても安心なのです。

言うことを聞かねばムチ打ちだ！
ぶるぶる
へへーっ
歯みがきしないなら、
もう動物園には連れていかないぞ！
これは支配する関係です。
びくびく
信頼関係ではないです。
こわいよ～
子どもの心によくないです。
悲しみ
恐怖
怒り
反発
不信感
孤立
絶望
不安
手を洗って～
もーっ
洗わないと、おやつはあげないよ！
こういうときは、
あーら、手がまっくろね
明るく言おう。
パッ
説明しよう。
いっぱい遊んだねぇ ヨカッタ！
でも、手にばいきんがついてると、
その手で食べると、おなかがいたくなるかも！
そーか！
おやつの前に、手を洗おうか
うんっ!!

Q 「○○ちゃん、きらい」と言う子どもに、どう対応したらいいですか？

私は、ドキッとしてしまいます。『きらい』なんて言ったらダメ！」と言いたくなります。そういうときは、子どもにどう言ったらいいのでしょうか？

A おうちで親に、「○○ちゃん、きらい」と言ってもいいのではないでしょうか？

お子さんが○○ちゃんに直接、「あなたのこと、きらい」と言ったら、言いすぎかもしれないですが…。でも、子どものころ、そういうこともあったりしましたよね。子どもは人間関係を練習中なので、いろいろな場面があると思います。

また、「人のことを『きらい』なんて言ってはいけません」と子どもに言うのは、おすすめできないです。「きらい」という気持ちも、あっていいのです。

もちろん、「きらい」だからとイジワルしたら「イジワルはやめようね」と止めていいと思いますが。

Q うーん、そうか…。

でも、子どもが「○○ちゃん、きらい」と言ったら、親として、どう返したらいいでしょうか？

A そのときは、「そうなんだ。○○ちゃんがきらいなんだね」と、子どもの気持ちを否定せずに受けとめます。そして、「どんなところがいやなの？」とやさしく聴くのはどうでしょう？

Q そうか！ 気持ちを聴くのですね！

A はい。子どもの気持ちを聴くと、子どもが理由を言うかもしれないです。「すぐ、けってくるところが、いや！」とか、「おとなしい子をいじめてたから」とか。

そうしたら、「うんうん、そうか、いやだったねえ」と子どもの気持ちを受けとめます。すると子どもは、「そうなんだよ！ 痛いんだよ！」とか、「見ていてかわいそうで、いやだ」とか、自分の気持ちを話しやすくなります。

「きらいな気持ち」「いやだと思う気持ち」をじゅうぶんに聴いてもらえると、子どもの心が落ち着いて、おだやかになります。しっかりと気持ちを聴いてもらうことで、そのきらいな相手への気持ちがやわらぐかもしれないです。それに、聴いてもらうことで心の整理ができて、「『けらないで!』と今度は言ってみる」「先生に、言ってみる」など、解決策を自分で考えられるようになっていきます。

Q そうかも。どうしたらいいか、よく、わかりました。今、気づいたのですが、もしかすると私自身が、人を「きらい」と言うことに抵抗があるのかもしれません。自分がどうしてそう思うのか、向き合ってみるといいのかもしれないですね。

A そうですね。どうして自分がそう思うのか? ということに向き合うと、育児や、日常生活が楽になることがあります。たとえば、「そういえば私も子どものころに、『きらいと言ってはダメ』と大人から教えられたなあ」とか。

「きらいなこともあるよね、そう思うことがあってもいいよね」と自分で自分の気持ちを認めることができると、子どもが「○○ちゃん、きらい!」と言っても、あまり気にならなくなるかもしれません。

「苦手な気持ち」「きらいな気持ち」も感じていい、あっていいです。そういうときには、安心できる人にその気持ちをていねいに受けとめて聴いてもらえると、心が楽になります。

ホッとして気持ちが落ち着くと、苦手な人、きらいな人との付き合い方も、自分なりに工夫できるようになっていきます。適度な距離を取ったり、交渉したりして、自分の安全を守るために行動できます。

Q 子どもがそうなったら、うれしいです。私もそうなれたらいいな。私自身も信頼できる人に聴いてもらおうと思います。

もし「キライ」を封印すると
いやだけど
えいっ
キケンなことがある。
「平気なんだな、また けろう」
逃げられない。
キライと思ってはいけない
また、ホントの気持ちをおさえつけると、
「きらいじゃない」と
思おう
ぎゅーっ
きらい
自分でも 自分がわからなくなっていく。
何がスキ？
どうしたい？
さぁ？
もやぁ…
○○ちゃん
キライ
そっか、
きらいな気持ちがあるんだね
「気持ち」を大切にすることは
あるねー
あるの
きらい
「存在」を大切にすること。
どんな気持ちもあっていい。
心は自由！
きらい
こわい
うれしい
すき
びっくり
たのしい
つらい
はらが立つ
面白い
かなしい
はずかしい
さびしい
のびのび、気持ちを感じられると
自分を大切にできる。
安全
楽しい
幸せ
人生を豊かにできる。

2　子どもと外出して、困ったときに

Q　2歳の子どもがじっとしていなくて困っています。よく動き回って落ち着かないので、親戚の家に行くのがゆううつです。「しつけがわるい」と言われそうで気が重いです。大きな声で注意すると少しおさまりますが、またすぐに動き回ってしまい、なかなか効果がありません。どうしたらいいでしょうか？

A　親戚の家！　大人だけの家だと、大事な飾り物が低い位置に置いてあったりして、小さな子どもがさわりそうになったり、気が抜けないですよね。

あいさつして5分で帰れればいいですが、そういうわけにもいかずに1時間とか、泊りがけとか、長く滞在すると本当にしんどいことがありますよね。

とくに1～3歳くらいのお子さんは、本能として、じっとしていないのです。動くことで体の筋肉や骨格、神経、知能、いろいろなものがどんどん育ちます。成長するために、動かずにいられないのです（4歳～小学生くらいのお子さんも動きます）。じっとしていないお子さんは、元気で健康なのです。大丈夫です！

しつけがわるいわけではありません。

鳥に「歌うな」、風に「吹くな」、川に『流れるな』と言っても無理なのと同じなのです。

Q　そうなんですね！　ほっとしました。では、どうしたらいいでしょうか？

A　はい！　作戦を立てましょう。たとえば、

①行く前に説明する。「これからおじさんとおばさんの家に行くよ。小さな声で話してね。大事なものにはさわらないでね。おもちゃを持って行くから、それで遊んでね。1時間くらいお話したら、帰るよ」など。そして少しでも子どもが協力してくれたら、帰りに「今日はがんばったね！」とねぎらいましょう。

②可能なら、行く前にどこかで遊ばせて発散させる。

③「子どもがじっとしていなくてすみません。少し歩かせてきますね」と子どもを連れて席を立つ。

④子どもが好きなおもちゃ、絵本などを持って行く。

⑤行く前に子どもをなでたり、抱っこしたり、いっぱ

いかわいがって安心させる時間をつくる。

Q それでも動いてしまうときは？

A いろいろ工夫しても、動くことがありますよね。

注意するときは大きな声を出すと、よけいに子どもが興奮するかも。落ち着いた声がおすすめです。明るくさわやかな雰囲気の声です。

また、子どもはすぐに忘れるので、5分おきに言う必要があるかも。子どもは「今を生きる」生き物なので、悪気なく、すぐに忘れてしまうことがあります。

でも何回も言うと、大人もぐったりしてきますよね。そこでついつい、「あきらめ口調」で言ってしまうと、子どもの心に届きにくくなってしまいます。**明るく、本気で、おだやかに、何回でも伝えます。**

また、周囲の人たちにあやまるときに、言い方を工夫しましょう。よく言ってしまいがちの「うちの子、落ち着きがなくて、すみません」という言葉はおすすめできないです（子どもも聞いています）。

たとえば、こう言うのはどうでしょう？「うちの子、元気で、もう、起きている間中、動き回っているんです。すみません。寝ていると、静かなんですけど」。

事実ですよね（笑）。「事実」のみを言っています。「落ち着きがない」という「評価」を入れないで話すと、**子どもを否定しないですみます！**

また、「落ち着きがない」と話すと、親戚や周囲の人は「ああ、ほんと、落ち着きがないねえ」と思うかもしれません。でも、「元気で起きている間中、動き回っている」と話すと、周囲の人も「ははは、ほんとだ、元気だねえ」となるのではないでしょうか。

言葉の言い回しで、場の雰囲気が変わります。

動き回る子どもの特性を肯定しながら、周囲の人に説明して、明るくおわびするのです。

成長すれば、だんだんすわっていられるようになっていきます。作戦を工夫したり、根気よく声をかけたりしながら、子どもの成長を待ちましょう。

子どもはエネルギーのかたまり。
行動力のかたまり。
じっとしているのはむずかしい。
行ってみたい
やってみたい
うろうろ
探求心
やる気
好奇心
動くことで発達する。
筋肉
神経
骨
バランス感覚
身長
ぴっかー!!
育つために、動く。
大人がじっとしていられるのは、
のんびり…
もう背が伸びないからかもしれない。
うちの子、落ち着きがなくて…
おちつきのない、
メイワクな存在?
ぴくっ
子どもも聞いている。
うちの子、元気で、動き回っているんです
ほわっ
言い方を工夫すると、子どもの心を守れる。
こんなときも、つられずに
えらいね、
育児、大変でしょ!
ええ、
もー、毎日、大変ですー
気をつけて話そう。
毎日、体力を使います~
えへっ
でも、とてもかわいいです!
ほっ

Q うちの2歳の子は、電車の中で動き回ります。

言って聞かせても、すぐにちょこちょこ動いてしまいます。他の子はじっとすわっていられるのに。いつも大変でつらいです。**本当に困った子です。どうしてこうなんでしょうか？**

A つらいですよね…。2歳前後の子どもは、じっと**すわり続けるのがむずかしいのです。**

お子さんがわるいわけではないのです。元気で活発で、健康なお子さんなのではないでしょうか。

Q でも、他の子はすわっていますよ！

A たまにすわれるお子さんもいます。たまたま、すわっていられるお子さん（個性）だったり、電車好きのお子さんだったり。ふだんは活発でも、電車だとうれしくてごきげんになり、おとなしくすわっている子どももいたりします（乗り鉄の子です）。

実は、電車の中でじっとしていないお子さんは、そもそも、ほとんど電車に乗らないのです。

大変なので移動は車にして、電車を避けていたり、どうしても電車で出かける用があるときは子どもをあずけて出かけたり。また、「パートナーの休みの日にしか電車に乗らない」という人もいます（大人2人で子どもを連れて出かけられるときだけ電車に乗る）。

Q そうなんですか？　では、子連れで電車に乗らねばならないときは、どうしたらいいのでしょうか？

A **①出かける前に、お子さんに説明します。今日の予定をなるべく具体的に伝えます。**

「今日は朝ごはん食べたらお出かけするよ。リュック持ってね。駅まで歩いて、それから〇〇線に乗るよ。あの青い電車ね。8分乗ったら、駅でいったん降りるの。そうしたら、トイレに行ってみようか。それから、階段をのぼって、□□線に乗り換えるよ。9分乗ったら、2つ目の駅で降りるからね」と、ていねいに説明します。子どもなりに、予定がわかると心の準備ができて、納得しやすいです。

そのうえで、どうしたらいいか伝えます。「電車の中では他の人も乗っているから、なるべく静かにしていようね。話すときは、小さい声で話してね。ゆれてあぶないから、ゆっくり歩こうね。できるだけすわろうね」というふうに。

子どもはすぐに忘れてしまいますが、それでも少しちがいます。事前に話しておくと、「電車の中では静かにね」と言ったときに、すぐに思い出してくれたりします（またすぐに忘れることが多いですが…）。

②**お子さんと電車で楽しめるワザをふやします**（もう、なさっていると思いますが）。

小さな絵本、おもちゃ、手遊び、しりとり、ごっこ遊びや、窓の外を見て話すなど。それぞれ3分ずつしかもたないかもしれないので複数、用意します。

③もし電車が空いていれば、1両目から最終車両まで、手をつないで安全に気をつけて、ゆっくりお散歩するように歩いて移動してもいいです。往復しているうちに目的地に着けば、間がもちます。

④行きも帰りも、できるだけ大きく時間に余裕を持ちます。そうするとぐずられても、途中で「おなかすいた」「トイレ」と言われても、あわてなくてすみます。

たいてい2歳がピークだと思いますから、だんだん楽になっていきます。個人差がありますが。

私も、あまり電車に乗れない時期がありました。そのころは近所しか行けず、どうしても電車に乗らなくてはならないときは、苦労しました。

いっちばん大変なピークは、たぶん2年間くらいではないでしょうか。

Q そうかー。楽になる日が待ち遠しいです。

A 本当にそうですよね。育児はたくさんの気力と体力を使いますから、お子さんをあずけてのお休みや、息抜きが大事です。今できる工夫をしながら、ときどき休みながら、お子さんの成長を待ってくださいね。

たとえば江戸時代に
電車で子どもがさわいだらどうしよう
と、悩んだ人がいただろうか？
バスも電車もなかったころ
わーわー
子どもはのびのびしていた。
元気だねえ
子どもが電車に
合わないのではない。
電車が子どもに
生命力の固まり！
合わないのだ。
乗る前に説明します。
今日は電車とバスに乗るよ～
じっとしててね。
いろいろ遊びを準備します。
ぬいぐるみやパペット
ミニ絵本
うた・お話
むかしむかし…
しりとり・なぞなぞ
ぐーちょきぱーで何つくろー♪
手遊び・わらべうた
スリングや、へこおび、ベビーラップは授乳しやすい
ちゅー
肌の見えない授乳服
ちゅー
水分補給
水か、お茶がおすすめ
ヤーレンソーランソーランソーラン♪
（小声）
スキ
私は、ずっとソーラン節を歌ってたりしました…。

Q 上の子がイヤイヤ期で、バスの座席にくつのまま、足をのせてしまいます。足が座席の下に届かないのです。**「くつを脱ぐように」と何度言っても聞きません。**どうしたらいいでしょうか？

A まだ小さいから、大人用の座席には、体のサイズが合わないですよね。

Q そうなんです。いろいろ言って聞かせてもイヤイヤで、よけい大きな声で騒ぐので、バスの中でいたたまれないです。

A そういうときは、「そうか、くつを脱ぐのはイヤなんだね」と上のお子さんのイヤイヤの気持ちを聴くと、落ち着いていきます。

でも、ゆれるバスの中で、赤ちゃんも抱っこしているわけだし、そんなに長い時間、乗るわけではないかもしれないし、聴いている余裕がないかもしれませんよね。

Q ええ、まあ…。もう、他のお客さんに見られているのも気になるし、強く言うとよけい騒ぐし…。

A そうですよね。そうしたら、ふろしきのような布を持ち歩いて、バスの座席にしいたらどうでしょうか。

Q あっ！ そうか！

A 布なら軽いし、かさばらないし、洗えるし、折りたたんでバッグに入れておけば、子どもが寝たときにも上にかけてあげられるし、いろいろ使えて便利です。

バスの座席にしけば、お子さんがくつをのせてしまっても、汚さないように気遣いできます。周囲の人にも申し訳が立ちますよね。

Q なるほど！ それなら、すぐにできそうです！ 今度からそうします。

A お子さんには、「座席を汚さないようにするんだよ。

私たちがバスを降りたら、次に他の人がすわるからね。その人の服が汚れないように、きれいにすわろうね」と語りかけて教えつつ、布をしいて、お子さんの成長を待つ。

やがてお子さんの背が伸びて、くつを座席にのせなくて済むようになります。あるいは、お子さんがだんだん納得して、くつを脱ぐようになるかもしれません。

それまで、時間の問題です。もしかしたら来年は、なくなっている悩みかも。

Q そうかー、そうですね！

A 子ども用のくつカバーを作って持ち歩く方法もあります。バスに乗るときに、そのカバーをくつの上からかぶせてもいいです。

Q そういうのもあるんですね。

A はい。この文明社会は、バスや電車があって、とても便利で、たくさんの人が助かっています。でも、万人向けではないことがあります。

スロープができたり、少しずつバリアフリーになってきていますが、小さな子どもを連れて乗るときは、いろいろ工夫が必要になります。文明社会と、小さな**子どもとは、合わないときもあるのです。**

子どもはわるくないのです。

また、**「イヤイヤ期」も大切です。**

「NOが言える」「自分の意見を言える」ということだからです。「イヤ」と言われると、大人は困ってしまうことがありますが、なんでも「ハイ！」と言うお子さんは、逆に心配です。将来、いやなことを断われなかったり、セールスマンに押しきられて欲しくないものまで買ってしまったりするかもしれません。

バスの座席が子どものサイズに合わないこともあります。その中で、どうやって折り合いをつけるか？

ひとつずつアイデアを考えて工夫して、切り抜けていけたらいいなと思います。

レストランに
子どもイスが
あるように
小さい子が、すぐに
マナーを
マナーの本
カンペキに守れ
なくてもいいです。
バスにも
子どもイスが
あるといいですよね。
○○なんだよ
へー？
明るく
何度も伝えて、
（100回でも。1000回でも）
なかなか ないけど…。
小さな子どもは料金タダだし、
うーん
車内のスペースも限られてるしなー
大人の事情
だんだん しみこむ。
○○って
言ってたなあ
ハッ
思い出せるようになる。
子どもは、実はとってもガンバッているのです。
世の中って大人サイズ…
気長に待とう。
わかったよ！
ぐっ

3　イヤイヤとカンシャク、泣きやまない、どうする？

Q うちの子は怒ると、親をたたいたり物を投げたりします。「やめて」と言っても、またやります。

おさえつけてやめさせてもいいのでしょうか？　それとも、発散させたほうがいいのでしょうか？

A はい！　発散できることは大事です。

子どもが感情を表現できるのは、安心しているから。

また、**表現できるほうが心身の健康にもいいです。**

もしも怒っていてもお子さんが表現せず、ぐっと歯を食いしばって耐えたり、むりやり作り笑顔で微笑んだりしていたら、どうでしょう？　心か体のどちらかが具合がわるくなるかもしれません。

また、だれも見ていないところで、自分より弱い、他の子どもや動物などをいじめて怒りを発散する場合もあります（大人の前では「いい子」でいたりする）。

親に向かって怒りを表現するのは、かなり安心なことだと、私は思います。「この親なら受けとめてくれる」と、子どもが親を信頼しているのです。

Q そうなんですね！　よかったです！　お友だちのことはたたかないんです。親だけをたたきます。

でも、そういうときは、どうしたらいいですか？

A 大人もたたかれたら痛いし、物を投げるのも危ないことがありますよね。

「痛くない方法」「危険でない方法」でも発散できます。他の方法で表現するように教えることができます。

たとえば、たたくときは、座布団やクッションなどをたたいてもらう。「こっちをたたいてね」と、座布団やクッションを差し出します。座布団は、二つ折りにすると、たたいたときの手ごたえがいいです。厚く折りたたんだタオルなどでもいいです。

また、物を投げるときは、投げていい「もの」と「場所」を決めます。

「ここなら、投げても大丈夫」「これなら、投げていいよ」と、場所を移動させて投げていい物を渡します。ボールや、固く丸めたハンカチやミニタオルでもいいです。場所は、人にぶつからない方向、危なくない方向を選びます。だれもいない壁のほうに投げたり。

そして、「さあ、思いっきりやってごらん」と、発散できるように明るく励まします。

Q そうかー、それならできそうです。

A **怒りを表現できるのは、自然なことです。**

ただ、人に危害を加えなければいいのです。安全に怒りを表現できるように、工夫してみてくださいね。

子どもの心をサポートするNPO法人のホームページで、「火山の部屋」というお部屋の写真を見たことがありました。子どもが、思いきり自由に体を動かして感情を発散できる部屋で、サンドバッグやグローブ、クッションなどがそろっていました。

こういうお部屋が保育園や幼稚園、学校にもあったらいいなと思います。安全に怒りを表現できる場として。イライラしたときや怒りがわいたときに、「ちょっと火山の部屋に行ってくる！」と、自由に使えたら助かると思います。発散することで子どもたちの心が落ち着いて、いじめが減ったり、クラスの雰囲気もおだやかになったりするのではないでしょうか。

大人も、そういう部屋を使えたらいいなと思います。部屋ではないのですが、鎌倉市の神社には、素焼きの食器を割るコーナーがあります。「厄除け」のような名目で、少なくとも2か所、見かけました。その食器を思いっきり、たたきつけて割るのです。

スッキリしますよね。

わる「場所」と、わっていい「もの」が決まっていて、合法です（笑）。私もやってみたことがあります。心が少し軽くなりました。

「怒り」を「安全に」表現できるように、いろいろな工夫があります。表現して出してしまえば、スッキリして心がきれいになり、落ち着いてきます。心の中を掃除したみたいに。

どんどん工夫して安全に発散して、子どもも大人も、気持ちが落ち着くように応援していきたいです。

「怒る」は
大事な感情
もし、まったく
いじわるされても
やりたいことができなくても
大切なものをこわされても
ぼーっ
しーん
怒らなかったら？
どんどんひどい目に
パワハラ
いじめ
モラハラ
セクハラ
犯罪
人権侵害
差別
あいつづけるかも。
怒れて
いやだーっ
やめろーっ
わーっ
パァァ…
よかったー!!
逆ギレして倍返しする大人には
ぶつけられない。
条件付きの愛しかくれない大人にも
そんな子は
つーん
うちの子じゃないっ
ぶつけられない。
話を聞かない大人にも
うるさい！
知るか！
ぶつけにくい。
ぶつけられる大人は
わあ
わあ
ハイ！座布団だよ
ポカポカ
子どもから信頼されているのだ。

「イヤイヤ」バンザイ！（対応はパワーがいるけど。）

Q お店の前で泣いてひっくり返って足をバタバタさせて、おもちゃを欲しがる子どもに困っています。

しかってもさらに泣くだけだし、そのまま泣かせておくのも人目が気になります。「お誕生日に買ってあげるからね」「サンタさんに頼もうね」と言ってみても、なかなか泣きやまずにあばれるばかり。

そういうときは、どうしたらいいですか？

A 困りますよね。欲しがるたびに買っていたらガマンができない子になってしまうかもしれないし、予算や、家の中のスペースにも限度がありますし。

Q そうなんです！ それに、「泣けば買ってもらえるんだ」と子どもが思うようになったら困ります。

A 「泣く」ことが取り引きの材料になってしまうかもしれないですよね。「買ってくれたら泣きやんで静かにするよ」というふうに。それは、「コントロールと支配」の関係です。「泣く」ことで、親をコントロールしようとする。いい感じはしないですよね。

Q そうですよね！ でも、買わないと子どもは泣くし、そういうときは放っとけばいいのでしょうか？

A 迷ったときに、役立つ問いかけがあります。**「親子の間に信頼関係が育つにはどうしたらいいか？」と、自分にたずねてみるのです。**

もしご自分だったら、泣いているとき、どうしてほしいですか？

Q うーん、そうですね。放っておかれるのはさびしいかな。「そうかそうか、よしよし」とか、やさしく声をかけてもらえたら、うれしいです。ほっとしますし。

A あたたかい雰囲気で声をかけてもらえると、安心しますよね。

Q はい！ どんな言葉をかけたらいいでしょうか？

A お子さんのそのときの気持ちを理解して、代弁する言葉をかけるといいです。

おもちゃが欲しい場合は、たとえば、「あのおもちゃ、欲しいね」「うちにはない新しいタイプのおもちゃだものねえ」「○○ちゃんはあのおもちゃを使ってみたいんだよね」「サンタさんはまだ先だし、お誕生日も先だしねえ」「今すぐ、やってみたいんだよね」など。

おもちゃを欲しがるのは知的好奇心ですから、お子さんはやる気があって健康です。おもちゃ屋さんの前で何も関心を示さないほうが、心配になりませんか？

Q あー、そうですね。たしかに！　心配になります（笑）。うちの子、やる気ありますね！

A すばらしい「やる気」ですよね。お子さんの「知的好奇心」や「やる気」、「気持ち」だけは認める。「やってみたいんだね、欲しいんだね」と。認めつつ、その一方で、「今日は買わない」と言っていいです。

子どもも、「今日は買わないんだな」「ガマンできない大人にならないように、親が子どものためを思っている」と、心の中ではわかっていることがあります。

でも、「今日は買わない」と頭で理解したとたんに、「欲しい」という気持ちが、一瞬で消えてなくなると思いますか？

Q あー、いいえ、そうか。すぐには消えないですね！

A そうですよね！　頭ではわかっても、気持ちがすぐには追い着かないことがある。

その、追い着かない気持ちを発散させるために、泣いたり叫んだり、ひっくり返ってバタバタしたりするのです。出し終われば、気持ちがスッキリして、元気になります。雨がふった後の澄んだ青空のように、お子さんの心が洗われて、きれいになります。

お子さんの気持ちをひたすら聴くだけで、やがて泣きやみ、きげんがなおって歩き出したりします。そして、聴いてくれた大人との間の信頼関係が育つのです。

心と体は つながっている…。

Q 上の子が、あまりにあばれるので、こらえきれずにたたいてしまいます。

私は、2歳半の子と生後2か月の子の育児をしています。平日は上の子は保育園に行っているので楽ですが、問題は土曜日です。

土曜日の昼間に夫が（夜からの仕事に備えて）睡眠を取るため、私は子ども2人連れで出かけなくてはならないのですが、出かけるまでがとても大変なんです。

着替えたくない、おしっこ・うんちは失敗する、それとお昼ごはんの心配もある。その全部を、音を立てずにこなさねばならないのに、毎回、できないのです。

おしっこ・うんちの失敗で洗濯をしている間に、上の子が冷蔵庫から卵を出して床に投げつけるし、大人の大事な書類なんかもばらまいて…。

夫の睡眠や上の子の外遊びのために出かけたいけど、下の子も一緒だから、私も「授乳室はあるか？」「寒くないか？」が気になって腰が重いのはたしかです。

上の子はさびしいからでしょうか？　とにかくあばれて部屋がめちゃめちゃ。いつまでたっても家を出られない。そしてついにどなる、たたくをやっちゃいます。そしてへこみます。

どうしたら上の子に何をされても憤怒せず、手をあげずに対応できるのでしょう？

A なんて大変な状況を、1人でがんばっておられるのでしょうか！　イヤイヤ期以前に、お母さんが大変です！

土曜日に「大人1人で乳幼児2人を連れて毎週外出する」ことは、本当にやりたいことでしょうか？　まず、ご自分の気持ちをよく見つめてみてほしいです。できれば、「家でゆっくりしたい」「パートナーに一緒に家事や育児をしてほしい（仕事があって無理かもしれないけど）」のではないのでしょうか？

大好きなママがどんなに大変かということを、2歳半のお子さんは、パパの前でおおげさにやって見せてくれている可能性すらあります。無意識にですが。

あるいは、お母さんの怒りを代わりに表現している可能性もあると思いました。

Q うーん、たしかに、土曜日は、夫がいない平日より、上の子のあばれ方が激しいかも。

A パパが起きないように、音を立てずに子どもたちの世話をして、外出の支度をするのは不可能です。

Q そうか、私がダメダメだからではなかったんですね！ よかったです！ 実は、外で見かける2人以上の子連れのママはとても優雅に見えて、へこんでいました。「これでは仕事復帰なんて無理かも。仕事したいけどあきらめるか?」と落ち込んでいたのです。

もう1つ、質問です。私の無意識の思いを、子どもは読み取っているのですか？ また、それはパパより、接する時間の多いママなのですか？

A はい。子どもは、いちずに大好きなママを見つめています。ママの無意識の気持ちをかなり読み取っている気がします。もちろん、パパの気持ちも。でも、今回の場合、土曜日に大変なのはママのほうだからだと思います。子どもは、大好きな親を助けたくて、いろいろなことをします。子どもにできる方法で。

また、「ママが自分のホンネに気づいていない」と、子どもの反応が大きくなります。そういうときに、子どもをなんとかしようとはたらきかけても、うまくいかないのです。

Q 思い当たる！ まずは「自分の本音、本心で課題に向き合う」のが先なんですね。わかりました。イヤイヤ期のあばれん坊、その行為に注目するとイライラしちゃうけど、こちらの隠れた気持ちを教えてくれていると思うと、とてもうれしいというか、あたたかいというか。子どもは敏感で素直ですね。大人は自分の気持ちにふたをするのに慣れてしまっているのかな。

A はい。お母さんはわるくないし、上のお子さんもわるくないです。土曜日にママが無理をしないようになると、お子さんの行動も変わってくると思います。

(※その後、お子さんは落ち着いたそうです。)

親がムリしてたり、元気がなかったりすると
子どもは いろんなことをする。
おどけて
笑わせようとしたり。
も〜〜
おとなしく手のかからない子になって
イイコにしよう…
ハイ!
親の負担をへらそうとしたり。
あばれて、親を怒らせて、
わあぁぁ
親の心を解放しようとしたり。
まじめな人、
きちんと!
しっかりやろう
がんばりやの人や、
やるしかない!
ムリとは言えない
やさしい人は、とくに
気づかないうちに
あれっ 私ったら
いつのまに…
しんどい…
ムリをしていることがあります。
自分の気持ちになるべく気づこう。
ふわっ
「つらい」って言っていい!
「いやだ」って思っていい。

4　きょうだい育児、どうしよう？

Q **2人の子どもを育児中です。ときどき、とてもイライラします。**夫にすごく腹が立ったり、上の子に怒りすぎたり。子どもに外遊びもじゅうぶんにさせてあげられず、家も散らかっていて、家事もきちんとできません。

私は、親としてだめなのではないでしょうか。**育児に向いていないのかも？**　他の人は、ちゃんと育児も家事もやってるし、子どもにもやさしくしているのに。

A　いえ、そんなことないです。他の人も、「大変だー！」と言っていますよ！

Q　えぇーっ！　そうなんですか？

A　これまでに私が出会った、すべてのママたちが「2人目の育児は、手が回らない！」と悩んでいました。私も大変でした。大人1人で、小さな子を2人同時に世話するのは、かんたんではないのです。

2人目の育児を余裕をもってできる人は、しっかり、たっぷり、育児や家事を分担してくれる人がいるのだと思います。

そうではない場合は、家事も育児もじゅうぶんにできなくて当然です。自分がわるいのではないです。

「人手不足」が原因です。

Q　「人手不足」…？

A　そうなんです。人類は、昔から「群れで子育てしてきた」そうです。1人では、やらなかったのです。

また、家事ももっとシンプルだったのです。

昭和初期の話ですが、たとえば、きんぴらごぼうを鍋に山盛りつくったら、それがなくなるまで何日でもメニューは「きんぴらごぼうと、ごはん」。それがごくあたりまえだったそうです。私の大叔母の話です。

そのころは、たくさんの食材がそろうスーパーマーケットもなかったし、冷蔵庫もなかったですしね。

また、小さな子どもは2、3歳から地域の子ども社会にデビューして、6歳くらいの子たちをリーダーに、グループで遊んでいたのです。いわゆるガキ大将グループです。

私も昔、入っていました。路地で花いちもんめや、かごめかごめで遊びました。朝から夕方まで遊び放題でした。おなかがすいたら、または暗くなってきたら、家に帰るという…。外遊びに親がついていかなくても、毎日たくさん遊べたのです。

最近は、すっかり見かけなくなったガキ大将グループ。残念なことです。子ども社会文化の崩壊ですよね(もしかしたら地域によってはあるかもしれないですが)。

今は大人がついていかないと、小さな子どもだけで外へ出せませんよね。

Q はい。出せないです。車とか、不審者とか、こわくて。

A そうですよね。その分、親の仕事がふえているのです。何時間も外遊びに付き合ったら、その間、家事はできないですし。

Q はい！ クタクタになります。

A もしも夕方、家に帰ったら、ごはんの支度とお風呂の用意ができていたら、どうですか？

Q わあ！ それは、うれしいですーーー！ それなら、気が楽になって子どもにもやさしくできそうです。

A ですよね。今の2人目育児は、社会が変化したために大変になっているのです。イライラしたとき、「自分がわるいからだ」と自分を責めなくていいのです。

なんとしてでも、家事や育児の人手を、この時代の変化に合わせてふやしましょう！

そうしたら、体力や気力に余裕ができて、お子さんにやさしくなれるのではないでしょうか？

子ども4人いるんですか?!
私なんて2人でもいっぱいなのに!
よく言われますが、
3人目のとき。
ありがと~
7つ
4つ
(年齢差にもよりますが…。)
4人目のとき。
ジュ~!
ゆ~りかご~の
6つ
9つ
ありがと~
2つ
(ワンオペでもこの通り。)
もしかすると、2人目育児がいちばん「人手不足」かもしれないです。
そーだったのか?!

上の子が大変なので、大人の人手をふやそう。

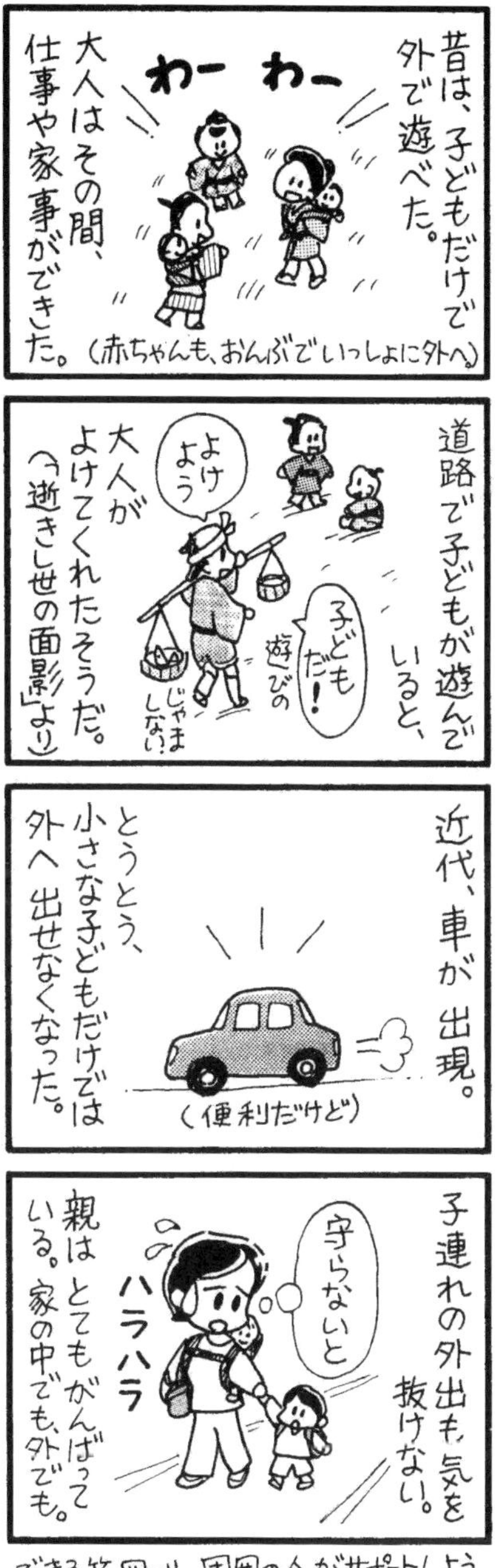
昔は、子どもだけで外で遊べた。
わー わー
大人はその間、仕事や家事ができた。
(赤ちゃんも、おんぶでいっしょに外へ)
道路で子どもが遊んでいると、
子どもだ!
遊びのじゃましない!
よけよう
大人がよけてくれたそうだ。
(「逝きし世の面影」より)
近代、車が出現。
とうとう、小さな子どもだけでは外へ出せなくなった。
(便利だけど)
子連れの外出も気を抜けない。
守らないと
ハラハラ
親はとてもがんばっている。家の中でも、外でも。

できる範囲で、周囲の人がサポートしよう。

Q きょうだいゲンカの対応に迷います。

親は仲裁するほうがいいのでしょうか？　しないほうがいいのでしょうか？

「ケンカ両成敗かな」とも思うのですが、どうでしょう？　それとも、放っておくほうがいいですか？

ほとんど毎日、ケンカしています。どう対応したらいいですか？

A 毎日のきょうだいゲンカ。聞いているほうもくたびれますよね。仲良く遊んでくれたらうれしいのに…。でも、ケンカしますよね。**ケンカしていいです。**むしろ、ケンカしないで遊ぶのはむずかしい気がします。とくに、子どものころは。**ケンカしながら人間関係を覚えていくことも、あるのではないでしょうか？**

うちの4人の子どもたちもしていました。毎日のように。私も子どものころ、きょうだいとケンカしました。

Q そうかー。では、どうしたらいいでしょうか？

A もし余裕があれば、**子どもたちの気持ちを1人ずつ聴く方法があります。**もちろん、毎日、家事や育児や仕事などでフル回転だと思いますので、できるときだけでいいです。**「仲裁しない」**ことがポイントです。「ただ、聴く」のです。

ずっと前にテレビで見た、ある有名な映画監督の子ども時代のエピソードが、とても印象に残っています。

子どものころ、きょうだいゲンカをしていると、お母さんがやってきて、おだやかにたずねたそうです。

「どうしてケンカしているの？」と。

すると、子どもたちが口々に言います。「○○ちゃんがぶった！」「△△ちゃんが私のおもちゃを勝手に使ったからだよ！」「その前に貸して、って言ったけど無視したじゃないか！」など、それぞれの立場から話し出します。

すると、お母さんは子どもの話を1人ずつ、じっくりと聴いたそうです。「そうなんだ」「うんうん、それで？」「そうかー」と。ありのままを、受けとめて聴く。**ただ、理解しようとして聴く。**

ひと通り聴き終わると、お母さんは、「わかったわ」と言い、「それでは、ケンカを続けなさい」と子どもたちに告げて、去っていったそうなのです。

Q えーっ！　それはすごい！

A すごいですよね。すばらしい対応だなあ！　と思いました。だれのことも責めない、裁判もしない、ジャッジしない。1人ひとりの気持ちを大事にして理解しようとしている。ケンカすることを否定しない。

きょうだいゲンカで「どちらが正しいか」と裁判すると、しこりが残りがちです。なぜなら、正しくないほうにも、事情があるからです。しかも、立場によって「正しさ」が異なることもあります。

もちろん、社会では裁判が必要な場合があります。でも、家庭の中で裁判すると、たいてい、ギスギスしてしまいます。

Q そうか。では、ケンカ両成敗はどうですか？

A 「ケンカ両成敗」も、平等のようで、平等とは言いがたい。両成敗されたとき、納得いくでしょうか？　モヤモヤしませんか？　もしかすると、ただの思考停止かもしれません。「両方ともわるい」と言って終わっても、建設的とは言えないのではないでしょうか？

Q 放っておくのは、どう思いますか？

A 「放っておく」ときも、「止めても仕方ないから放っておく」のと、『「ケンカすることもあるよね、うんうん』という気持ちで放っておく」のとでは、雰囲気がちがいます。「ケンカもあるよね」と認めるだけでも、子どもが安心すると思います。

きょうだいゲンカは回数が多くて、毎回はむずかしいですが、もしできたら、たまにでも、子どもたち1人ひとりの気持ちを聴けたらいいなと思います。

「気持ちを聴いてもらえる」ということは、「大切にされる」ということ。大切にされると、心がやわらかく、おだやかになっていきます。

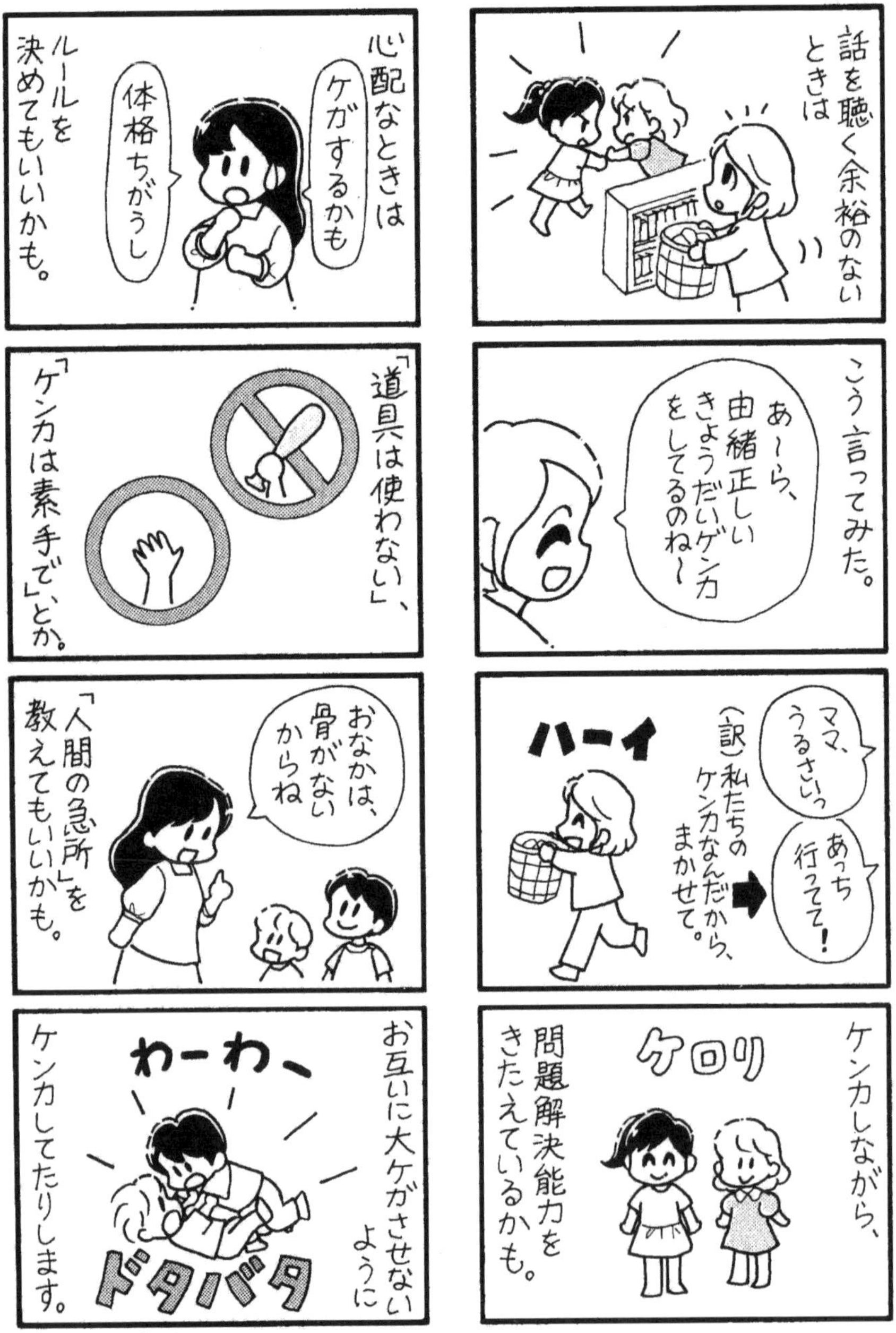
話を聴く余裕のないときは
こう言ってみた。
あ〜ら、由緒正しいきょうだいゲンカをしてるのね〜
ママ、うるさいっ
あっち行ってて!
(訳)私たちのケンカなんだから、まかせて。
ハーイ
ケンカしながら、
ケロリ
問題解決能力をきたえているかも。
心配なときは
ケガするかも
体格ちがうし
ルールを決めてもいいかも。
「道具は使わない」、
「ケンカは素手で」とか。
おなかは、骨がないからね
「人間の急所」を教えてもいいかも。
お互いに大ケガさせないように
わーわー
ドタバタ
ケンカしてたりします。
考えている。

Q 2人姉妹の育児中です。私は、下の子ばかりかわいがってしまいます。どうしたら上の子をかわいがれるようになりますか？

上の子がさびしそうにしているのがわかっているのに、どうしてもできないのです。なんとかしたいです。**私自身も長女でした。**子どものころ、私の親も妹ばかりかわいがっていて、私もさびしい思いをしました。**私は上の子の気持ちがわかります。それなのに、どうして上の子をかわいがれないのでしょうか？**

A それは、無理もないことだと思います。

時間を作って、子どものころのさびしかった気持ちを見つめなおしてみると、心が楽になって、上のお子さんをかわいがれるようになると思います。

まず、だれよりも、ご自分自身をいたわってほしいです。そうして自分の心の痛みがやわらいでほぐれると、自然に上の子もかわいがれるようになります。

自分の心の中に痛みがあるときに、「意志の力」で子どもをかわいがろうとしても、限界があります。上の子をかわいがれないご自分を責めずに、「あー、自分はよほど、大変だったんだなあ」と受けとめて、ご自分のケアをしていただけたらと思います。

なぜなら、**ほとんどの大人の心の中には、「子ども時代の気持ち」が残っているからです。**

かわいがってもらえない悲しさ、さびしさ、妹ばかりかわいがる不公平な親への怒り、「姉だからしかたない」とがまんし、がんばったつらさ。心の奥底に、今もあるのではないでしょうか？

Q それは、あるような気がします…。

A 大変な状況で、がんばってきましたよね。

育児をしていると、心の中の「子ども時代の気持ち」が出てくることが、よくあります。とくに「2人姉妹の長女」という同じ状況に刺激されて、どうしても思い出されてきてしまう。上の子が甘えてくると、かわいがるどころか、イライラしてしまうことがあったりしませんか？　なぜか腹が立ってきたり。

Q はい！　どうにもイライラして、腹が立ってしまうんです！

A そういうときは、「子どものころの自分」が怒り悲しんでいるのではないでしょうか。

「あなたは上の子なのに、なんでかわいがってもらえるの？　私は、かわいがってもらえなかったのに！」

「同じ上の子なのに、不公平だ！」というふうに。また、「上の子なのにかわいがってもらえるなんて、ありえない！」、心の奥底で、そう感じている場合もあります。そして自分ではそのことに気づいていないこともあります。一見、理不尽な思い込みですが、子ども時代には、それが事実だったのですから。

そのために、頭で考えてかわいがろうとしても、どうしても上の子をかわいがる気持ちになれない。がんばっても、なかなかうまくいかない。努力や根性、意志の力だけでは、どうにもならないことがあるのです。

Q そういうときは、どうしたらいいのでしょうか？

A 安心できる場でサポートを受けながら、ご自分の気持ちをふりかえる時間を作ることが役立ちます。ご自分の中の、「子ども時代の気持ち」を、よーく思い出して感じてみます。子ども時代の場面を思い出して、そのときの自分の気持ちを感じます。つらいですが…。

もし涙が出てきたら、ぞんぶんに泣いてください。怒りがわいてきたら、怒ってください。自分の中の感情を出しきると、楽になります。

信頼できる人に聴いてもらうと、出しやすいです。自助グループなどもおすすめです。「妹ばかりかわいがられて、さびしい」「私のことも見てほしい」「私ばかりしかられた」「お姉ちゃんだからとあきらめてしまっていた」「本当はかわいがってほしかった」など、ガマンしていた気持ちや、言いたかったことを、外へ出すのです。出せた分、心の痛みが軽くなり、楽に自由になります。

心が楽に自由になると、無理なく自然に、上の子をかわいがれるようになっていきます。

子どもを育てると
!
思い出す。
私が赤ちゃんのとき…
3歳のとき…
そういえば!
小学生のとき…
ハッ
置いてきた気持ちが出てくることがある。
ぽんっ
ガマン
さびしさ
怒り
悲しみ
子どものころの自分を
育てなおすチャンスでもある。
待ってた?
久しぶり、お待たせ…
やあ!
でもムリはしないで、サポートを受けてゆっくりと。
自分を責めるよりも、
私って、なんてだめな親なんだろう
悲しもう。
かわいがれないなんてかなしー!
うわーん
理解しよう。
自分はつらかったんだな
こんなに!!
子どもをかわいがれないほどに!
たいへんだった自分を、
いたわろう。
よくがんばってきたね
ふわっ…
そのほうが、子どもにもやさしくなれます。

5　周囲の人との関わりは？

Q 夫に家事や育児をしてほしいのですが、どう言ったらやってくれるでしょうか？ 夫は平日は帰りがおそいし、腹が立ってやさしくなれなくて、お互いにイライラしてくるし、悪循環で、夫婦のピンチです。

A ぜひやってほしいですよね。共働きのご家庭はもちろん、専業主婦（専業主夫）であっても、家事や育児を1人でするのはムリですから！

まず、「小さなこと」から、「1つ」だけ、頼むのはどうでしょう？ 「かんたんにできること」から。

たとえば、赤ちゃんがおなかが足りていて落ち着いているときに、抱っこしていてもらうとか。

Q あー、そうか！

A そうやってかんたんなことから始めて、赤ちゃんにパパを覚えてもらって、仲良くなってもらう。パパにも自信をつけてもらう。抱っこ＆おんぶ講座や、育児講座に行くのもおすすめです。パパも、育児は慣れなくて不安なのです。いきなり泣いている赤ちゃんを世話するのはむずかしいかもしれないから、ハードルの低いところから。短時間でもいいから。その間、自分は好きなことをする。たとえばカフェでぼーっとしたり、昼寝したり、休めたらうれしいですよね。

Q めちゃめちゃうれしいです！ ああ、カフェ！ 昼寝！ いいな〜。

A それで、もし夫さんがやってくれたら、思いきり**喜びを表現しましょう。「ありがとう！」とハッキリ伝える。**満面の笑顔を向ける。

夫さんは愛する人に喜んでもらえたらうれしくなって、「またやろう」と思うのではないでしょうか。

Q そうか〜。そうしたら、仲良くなれるかも…。

A 頼むときのコツがあります。言い方の「雰囲気」**が大事です。**表情とか、声のトーン、どんな気持ちか。

郵便はがき

おそれいります
が切手をはって
お出し下さい

1078668

（受取人）
東京都港区
赤坂郵便局
私書箱第十五号

農文協
http://www.ruralnet.or.jp/
読者カード係 行

◎ このカードは当会の今後の刊行計画及び、新刊等の案内に役だたせて
いただきたいと思います。　　　　はじめての方は○印を（　　）

ご住所 （〒　　－　　） TEL： FAX：	
お名前　　　男・女　　歳	
E-mail：	
ご職業　公務員・会社員・自営業・自由業・主婦・農漁業・教職員（大学・短大・高校・中学・小学・他）研究生・学生・団体職員・その他（　　）	
お勤め先・学校名	日頃ご覧の新聞・雑誌名

※この葉書にお書きいただいた個人情報は、新刊案内や見本誌送付、ご注文品の配送、確認等の連絡のために使用し、その目的以外での利用はいたしません。

● ご感想をインターネット等で紹介させていただく場合がございます。ご了承下さい。
● 送料無料・農文協以外の書籍も注文できる会員制通販書店「田舎の本屋さん」入会募集中！
案内進呈します。　希望□

■毎月抽選で10名様に見本誌を１冊進呈■（ご希望の雑誌名ひとつに○を）

①現代農業　②季刊 地 域　③うかたま

お客様コード □□□□□□□□□□

17.12

お買上げの本

■ ご購入いただいた書店（　　　　　　　　　　　　　　書 店）

●本書についてご感想など

●今後の出版物についてのご希望など

この本をお求めの動機	広告を見て（紙・誌名）	書店で見て	書評を見て（紙・誌名）	インターネットを見て	知人・先生のすすめで	図書館で見て

◇ 新規注文書 ◇　　郵送ご希望の場合、送料をご負担いただきます。

購入希望の図書がありましたら、下記へご記入下さい。お支払いはCVS・郵便振替でお願いします。

（書名）	（定価）¥	（部数）　部
（書名）	（定価）¥	（部数）　部

たとえば、「どうせ、あなたはわからないでしょうけど！　いつも私ばっかり！　これくらい、やってよね！」という気持ちで言ったら、相手がやりやすいでしょうか？　やりにくいでしょうか？

Q …やりにくいですね（笑）。ああ、そう言っちゃってましたー。

A 言いたくなりますよね。

でも、「あなたなら、きっとできると信じてる。最初は上手でなくても、だんだんできるようになると思う。やってくれたら、私、とってもうれしい！」という気持ちで言ったら、どうでしょうか？

Q ああ！　そうか〜。ぜんぜんちがいますね。

A 家事も同じように、かんたんなことから1つずつ頼みます。「テーブルをふいてくれる？」とか。そしてやってくれたら、大喜びして「わあー、助かるー！ありがとう！」と言う。すると夫さんは、「こんな小さなことでそんなに喜んでくれるなら、もう少し他のこともやろうかな？」という気になったりします。

また、夫さんがもし下手でも、「やった」こと自体にお礼を言いましょう。「やらない」という選択肢もあるのですから。最初は一緒にやって覚えてもらってもいいし、やり方を書いて貼っておいてもいいです。

そしてそれから、帰りが遅い、長時間労働の夫には「おつかれさま、今日もありがとう」と、長時間の家事・育児仕事の妻には夫から「今日もありがとう！おつかれさま」と、お互いにいたわり合えたらいいですね。その逆になってしまうと、ギスギスしますよね。

Q そう言い合えたらいいな。言ってくれるかなあ。

A こちらからたくさん言っていくと、やがて返ってくる可能性は高いです。そして、社会全体で長時間労働が改善されたり、休日は一緒に家事育児をしたり、交替で休んだりできたらいいですよね。

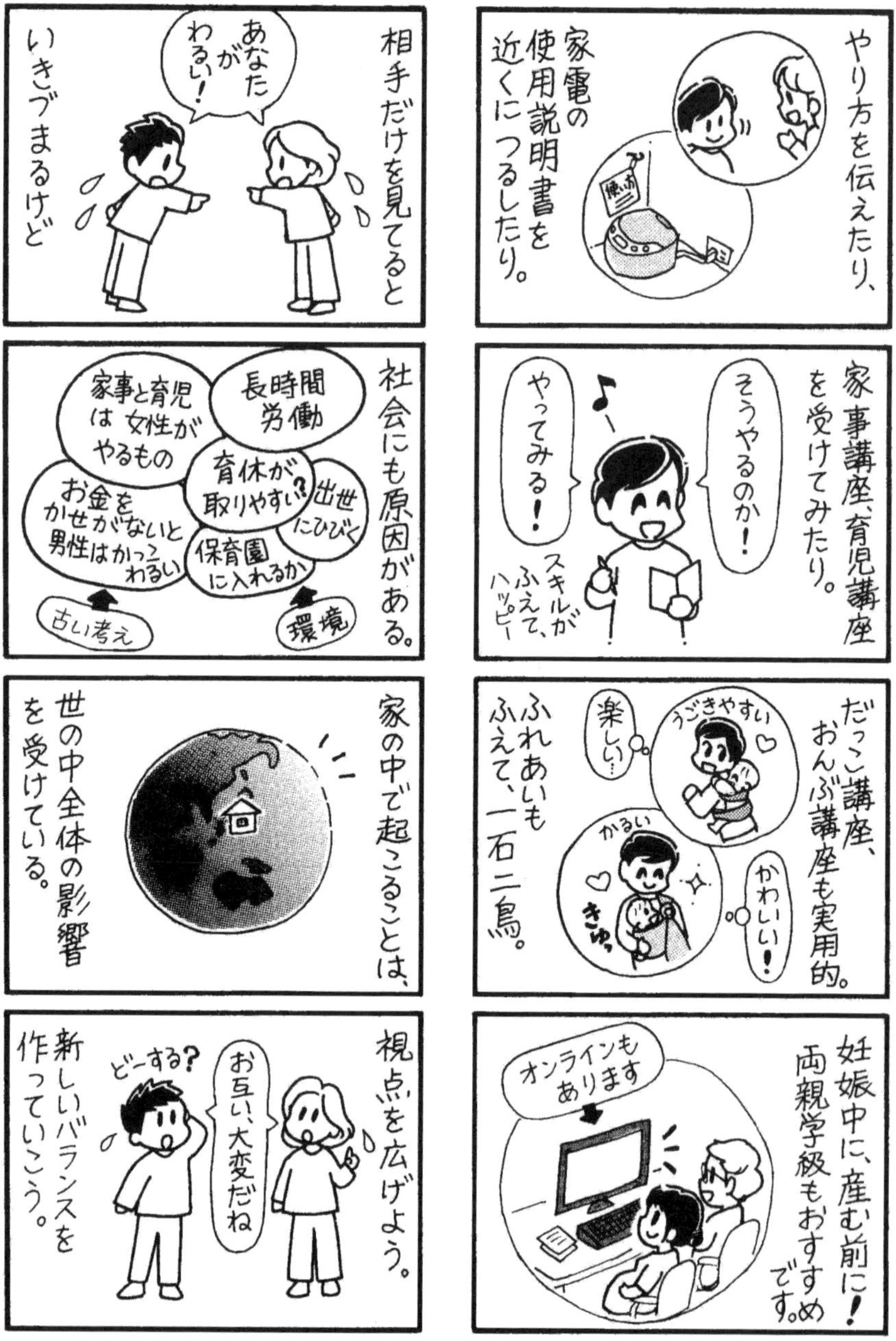

やり方を伝えたり、
家電の使用説明書を近くにつるしたり。
家事講座、育児講座を受けてみたり。
そうやるのか！
やってみる！
スキルがふえて、ハッピー
だっこ講座、おんぶ講座も実用的。
うごきやすい
楽しい…
かるい
きゅっ
かわいい！
ふれあいもふえて、一石二鳥。
妊娠中に、産む前に！両親学級もおすすめです。
オンラインもあります
相手だけを見てると
あなたがわるい！
いきづまるけど
社会にも原因がある。
家事と育児は女性がやるもの
長時間労働
育休が取りやすい？
出世にひびく
お金をかせがないと男性はかっこわるい
保育園に入れるか
古い考え
環境
家の中で起こることは、
世の中全体の影響を受けている。
視点を広げよう。
どーする？
お互い、大変だね
新しいバランスを作っていこう。

Q パートナーや、おじいちゃん、おばあちゃんに**あずけたとき、赤ちゃんや小さな子どもが泣いたらどうしましょう？** 「子どもと留守番するのはいいけど、泣かれたら困る」と言われました。

A 泣くときもありますよね。

赤ちゃんや小さな子が泣いたら、とくに事情がない限り、「泣いていいよ」とその気持ちを尊重します。**「泣かせないように」とがんばると、大人も子どもも、かえって大変です。**

泣いたときに、大人が落ち着いて受けとめると子どもが安心して、信頼関係が育ちます。

もちろん、最初は、「おなかが空いてるのかな」「おむつかな」「どこか痛いのかな」などと、ひと通り調べます。また、少しあやしたら泣きやむ場合は「たいくつしてたんだな」、でOKです。

それでもどうしても泣きやまない場合は、「何か、泣きたい気持ちがあるんだな」と思って、子どもの心がスッキリするまで泣くことをサポートします。

赤ちゃんが泣くと、大人は「自分の世話の仕方がいけないのかな？」と不安な気持ちになり、一生懸命、泣きやませようとするかもしれないです。

しかし、考えてみてください。私たち大人が、とても悲しいときに、「ケーキあるよ！」「ぱーっと遊ぼう！」と言われて、乗り気になれるでしょうか？

それよりも、「たいへんだね」「つらかったね」とわかってもらえると、ほっとしませんか？ もし「ぱーっと遊ぶ」としても、気持ちを聴いてもらって落ち着いてからのほうがいいのではないでしょうか？

Q あー、たしかに。そうですねえ…。

A 大人も子どもも、心のしくみは同じです。

もしも子どもが泣いたら、あずかっている大人は、**子どもの気持ちをくみ取って言葉にして、語りかけましょう。**たとえば、「ママ（パパ）に、会いたいんだね」「ママ（パパ）が、大好きだものね」「いま、会えなくて、さびしいね」「ママ（パパ）は夜に帰ってきて会えるよ」

「それまで、ここで私と一緒に待っていようね」などと話しかけると、子どもは安心します。

Q でも、なかなか泣きやまないときは、どうしましょう？　どんなふうに声をかけたらいいですか？

A 子どもが泣いている間、あたたかく見守ったり、少し間を空けて、ゆっくり、繰り返し語りかけたりします。「うんうん、ママ（パパ）に会いたいねえ」というふうに。０歳や１歳の子でも、「そうなの！　わかってくれてうれしい」というような表情で、ときどき、語りかける大人を見上げたりします。

「泣きたいだけ、泣いていいよ」「落ち着くまで、待っているよ」という気持ちでゆったりと見つめていると、赤ちゃんや子どもは、「泣いても、怒られない。安全だなあ」「泣いても大人があわてず、落ち着いていてくれると安心するなあ」「気持ちをわかってくれてうれしいなあ」と感じて、見守ってくれる大人への信頼感が育ちます。

また、大人も、思いきり泣くとスッキリすることがありませんか？　泣くことで、悲しい気持ちを洗い流すことができるのです。心は明るく、軽くなっていき、心の健康にもいいです。涙をこらえ、だまってガマンしているよりも、ずっと。

その心のしくみを知っていると、おおらかに見守りやすくなります。子どもが泣いてもあわてずに、「悲しいんだね」「悲しい気持ちを、出せてよかった」「安心して泣けるように、見守ってるね」と思えるようになったりします。悲しいときは、泣いてもいいのです。

Q 気が楽になりました！　泣いていいんですね。

A はい！　そのことを、あずかってくれる人に伝えましょう。「泣かせてはいけない」と思っている場合は、すぐに理解してくれないこともありますが。

何回でも誠心誠意、伝えてみてください。大切なのは泣かないことではなく、子どもの心の中の安心感や、周囲の大人との信頼関係を育てていくことなのです。

スッキリする前に泣きやませると
泣かないのよ。
おかし
その場は気がまぎれても
あとでグズグズ
寝つきがわるい
元気がない
モヤモヤが残るかも。
スッキリするまで泣くことができると
わああん
うん.うん.
泣いていいよー
おちついて、
信頼
…安心
にこにこ
明るく元気になる。
どうしても泣き声が苦手なときは
イライラ
あーん
あーん
うーん
自分が子どものころに
泣くなっ!!
ぐっ
泣くことをガマンしたのかも。
子どものころの自分が
自由に泣けて、いいなあ…!
イラッ
ざわざわ
さわぐことがある。
そういうときは、自分をいたわると楽になる。
ガンバってガマンしてたな
のびのび泣きたかったよな!
そう!
ホッ

自分の気持ちを理解する。誠実に。

Q トイレトレーニングが進まなくて困っています。他のママから「うちの子、もうトイレができるのよ！」と言われると落ち込みます。そういうとき、なんと言って返したらいいのでしょうか？　他のママも悪気はなくて言っているのだと思うし、気にしなければいいのですが、気になってしまって。

それから、他のママに「トイレトレーニング、どう？」と聞かれたときにも、どう答えたらいいか悩みます。どう言ったらいいのでしょうか？

A 気にしなくていいと思っても、気になっちゃうのですね。そういうときは、「**よそはよそ。ウチはウチ**」ととなえましょう。**同じでなくて、いいのです。**

とくに**トイレトレーニングは、あせらないほうがいいです。**

ずっと前に読んだ心理の本に、大人になって精神のバランスを崩して専門家の治療を受けた人の実話があって、「ていねいにカウンセリングしていったら、1歳のときのトイレトレーニングが厳しかったことが原因だとわかった」と書かれていました。

Q ええーっっ！

A びっくりしますよね！

トイレトレーニングは、楽しくやれたらいいなと思います。あせらずに、急がずに、マイペースで。

Q そうですね。そんな、何十年後に苦しむくらいなら、今、のんびりやったほうがいいですね。

A はい。それから、「うちの子、トイレができるようになったのよ」と他のママに言われたときは、「**よかったねー！♪**」**と明るく言うのはどうでしょう。**

Q (笑) そ、それでいいんですか。そうか…。

A それは、よそのおうちの話なのです。「よそはよそ。ウチは、ウチ」で大丈夫です。

そして、「トイレトレーニング、どう？　進んでる？」と聞かれたら、「うん、うちは、まだなの～」と明るく笑顔で言えばいいと思います。

Q　（笑）そ、そんなに明るくて、いいんですね。そうかあ～。

A　ちなみに、うちの4人の子のうち、3人の子が3歳でトイレでできるようになりました。3歳といっても「3歳0か月から4歳のお誕生日の前日まで、3歳」ですから、幅広いです（笑）。

そして、最高記録（？）は4歳2か月です。そのころ、ワンオペ育児で大変で、自分がイライラしないように考えたら、その時期にトイレトレーニングをすることになったのでした。さすがに、1週間でトイレができるようになりました。おねしょも、ほぼナシ。楽でしたよー。「ああ、4歳でトイレトレーニングした人もいるんだな」と思ってもらえたら、気が楽になるかなと思ってお話しました。

Q　4歳！　そうですね。気が楽になりますー（笑）。

A　昔、私もトイレトレーニングに悩みましたが、子どもたちが大きくなった今は、「トイレトレーニングなんて、何歳でもよかったな」と思います。

それよりも、どれだけ育児を楽しめたか、思いきりかわいがったか、一緒に遊んだか、そのほうが大事だったなと思いました。

Q　長い目で見たら、そうなんですね。気が楽になりました！　わかりました。ゆっくりやります。

A　はい。他の子と比べてあせらずに、何歳までにと決めずに、お子さんのペースに合わせて、ゆっくりでいいです。できるだけ楽しく、トイレを覚えていかれたらいいなと思います。

あっはっは
オムツが取れない？
大丈夫よ！
センパイママ
ハタチでオムツしてる人はいないよ！
実は
オムツなんだ！
もこっ
成人式
そのうちさあ、子どものほうから、
いいなー
WC
もこっ
「私のオムツを取って」と頼まれたら、取ればいいのよ
そーか！
ぱあぁ…
「○歳までに□□ができるように」というのは、
育児書
（よく書かれてるけど）
「○歳でできる子もいます」というだけです。
できない子もいていいし、しない子もいます。
今すぐできなくてもいい。
ゆっくりでいいよ～
できるまで待てばいい。
ぱあぁ…
それより、
だーいすき～！
かわいい～！
大事なことがある。

（実話です。）

第2章

親とは？　子とは？
「しかる」とは？

1　自由で自然な子ども

「子ども」とは、何でしょうか？　とくに赤ちゃんや、小さな子どもたち。

「子ども」は、まだ文明社会に染まっていない、自然な存在です。「赤ちゃん」や「子ども」は、この世界の慣習の枠にガッチリとしばられていません。自由で、自然そのもの。**心と体を守る本能が生きています。**

マイペースで、なかなか時間通りに動かないし、眠いときに寝て、起きたいときに起きる。

ごはんを食べるときも、決まった時間に決まった量をとったりしません。そのときそのときの自分のおなかの調子に合わせているので、食べたり食べなかったりします。食事を出しても食べないときは、下げていいと思います。好きなものばかり食べることもあります。それが、子どもたちの体です。

心も自由で、自然です。泣きたいときに泣く。怒るときは体を動かし、全身で自分の心を表現します。うれしいときも、ぴょんぴょん飛びはねたりしますよね。それが子どもの自然の心です。

大人は「コドモって?·?·」とびっくりするけれど、大人も0～3歳のころは、きっとそうだったのではないでしょうか？　大人は便宜上（?·）、この世界の慣習に合わせているけれど、もしかしたら子どものほうが、「人間本来の姿」なのかもしれません。

「うちの子、大丈夫かな」「おかしいのでは」「ワガママなのでは？」と、そんなに心配することはないかもしれないのです。

それどころか、子どもたちの姿から、大人が学べることがあります。たとえば、おなかの調子に合わせて食事の量を変えたら、体調がよくなるかもしれません。もう少し自由に気持ちを表現できたら、心が元気になるかもしれないです。

子どもたちは泣いたり怒ったり笑ったり、**自然で自由な感情を持ち**、いろいろなものにさわり、試してみる、**知的好奇心と行動力にあふれた存在**です。

そう考えると、気持ちが楽になりませんか？

「なーんだ、うちの子はおかしいわけではないんだ。自然な姿なんだな」と感じられて、安心して育児できるのではないでしょうか。

変化する未来を生き抜けるかも。

2　無条件で愛を注ぐ特等席

「親」とは、何でしょうか？

また、「親（大人）」である自分は、子どものころ、どんなふうに育てられてきたでしょうか？

もしかしたら、「女の子は、おしとやかに控えめに。怒ったらよくない」「男の子は、強くたくましく。泣いたら恥ずかしい」「役に立てば価値がある」「勉強ができないとだめ」などと言われてきたかもしれません。でも、本当に、そうでしょうか？

たとえば、女の子が怒ったり、男の子が泣いたりしても、それは自然な感情の表現です。しからなくていいことなのです。

人類は何十億人もいます。それだけおおぜいの人がいても、世界中に1人として、同じ人間はいません。1人ひとり、ちがう個性を持っています。育つペースにも個性があります。かなりの幅があるのです。

それなのに、子どもに「こうであるべき」という考えを当てはめると、子どもは苦しくなります。大人も、思い通りにならない育児に自信を失います。「こうであるべき」と決めなくていいのです。


子どもの成長のペースを決めるのは、本当は子ども自身です。どんなにゆっくりに見えても、行きつ戻りつしても、必ず成長します。

たとえば、野球やサッカーの試合を思い浮かべてみてください。観客は、観客席から応援するだけですよね。選手の代わりにグラウンドに入って試合はできないです。育児もそうです。子どもの人生を、代わりに生きることはできない。生きるのは子ども自身。私たち親は近くで見守り、喜びや悲しみを分かち合ったり、応援したり、差し入れしたりするだけなのです。

子どもは、これから長い時間をかけて人生を花開かせる、タネのようなもの。無条件の愛を注ぐと、とくにのびのびとその子の花が咲く。見たことのない花が咲いて驚くこともあるかも。子どもの近くにいる親や大人は、その花のつぼみが自分からふくらみ、花開いていくところに立ち会う、特等席にいるのです。

「子ども独自の人生を近くで見守り、応援する存在」が、親なのではないでしょうか？　どんな花が咲くか、楽しみながら見守っていきませんか？

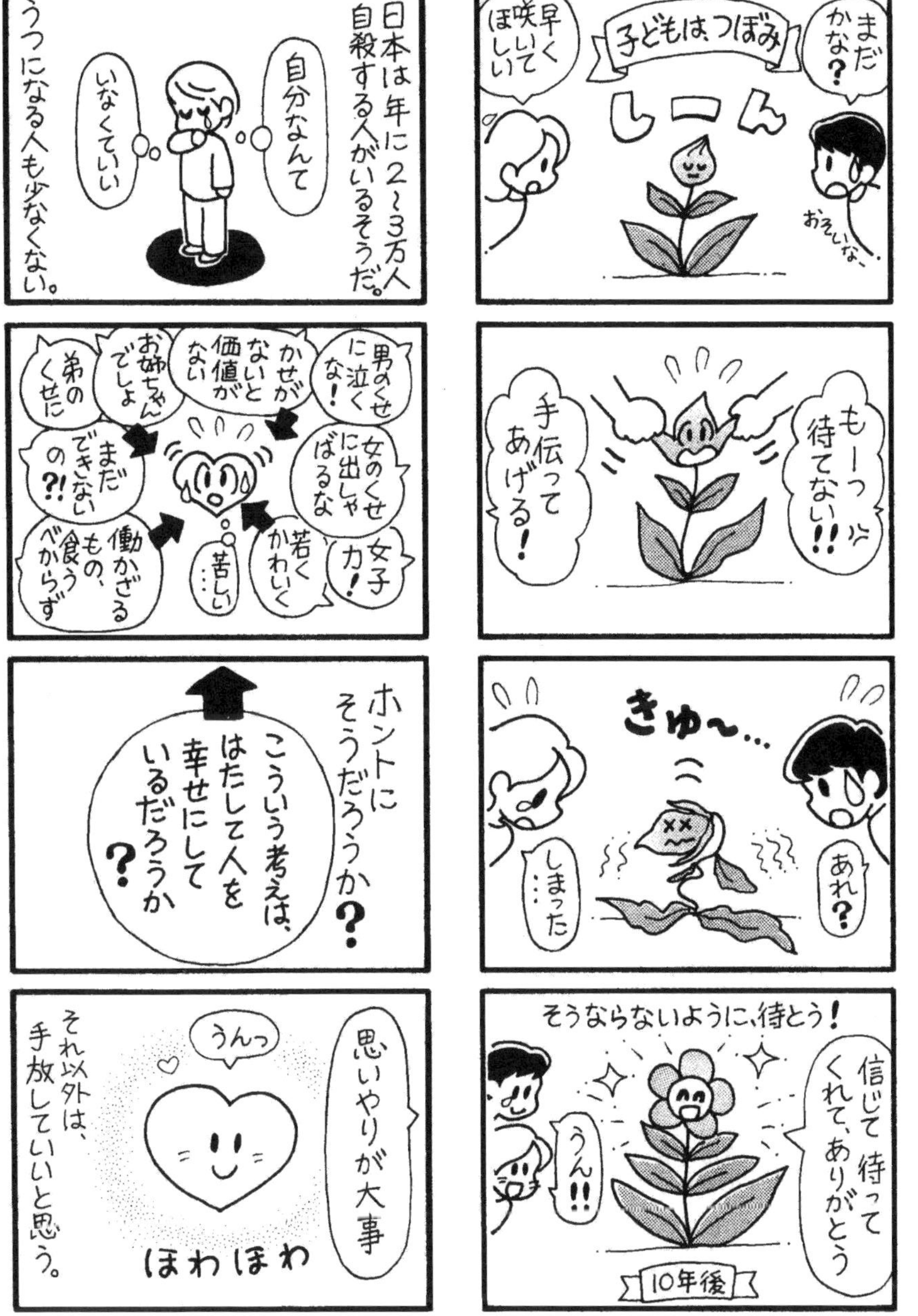
子どもはつぼみ
まだかな？
早く咲いてほしい
しーん
おそいな〜
もーっ待てない!!
手伝ってあげる！
きゅ〜…
あれ？
しまった…
そうならないように、待とう！
信じて待ってくれて、ありがとう
うん!!
10年後
日本は年に2〜3万人自殺する人がいるそうだ。
自分なんて
いなくていい
うつになる人も少なくない。
男のくせに泣くな！
かせがないと価値がない
お姉ちゃんでしょ
弟のくせに
女のくせに出しゃばるな
女子力！
若くかわいく
まだできないの?!
働かざるもの、食うべからず
苦しい…
ホントにそうだろうか？
こういう考えは、はたして人を幸せにしているだろうか？
思いやりが大事
うんっ
ほわほわ
それ以外は、手放していいと思う。

3　親子関係は人間関係

親子関係って、何だろう？　私は自分の親との関係がよくなかったので、まず、そこから考えました。

心理系の本を読むとよく書かれていたのが、「親子関係は人間関係である」ということでした。子どものころに経験した親子関係は、人間関係の基本となり、その子の将来の人間関係にも影響するそうです。

親子関係は、人間関係。「人間と人間」の関係です。もしそれを、「親（大人）と子ども」の関係ととらえると、無意識のうちに、親子関係は「上下関係」であるとイメージするかもしれません。

「上下関係」のある人間関係は、好きですか？

どちらかが上で、どちらかが下。上の者は、下の者に命令して支配する。下の者は、上の者にしたがう。

そういう関係の中で、安心して話せるでしょうか？自分らしさや創造性を発揮しやすいでしょうか？

人は、「お互いに対等」であるときに、初めて安心して話せます。のびのびと創造性を発揮できます。

また、相手を支配してコントロールするためには、何らかの力が必要になります。「どなる」「たたく」「ものの言い方やまなざしで威圧する」「罰でおどす」「ごほうびで釣る」「笑いものにしておとしめる」「役割やルールを一方的に決める」など、相手を思い通りにするための方法がいろいろあります。子どもだけでなく、大人にも使われています。

そうすると、上の者も下の者も、お互いにあまり信頼関係を持てず、それぞれ孤立してしまいます。不安になってイライラしたり、心身を痛めたりします。

「親（大人）と子ども」であっても、上下関係にしばられなくていいのです。1人の「人」と「人」として、交流できます。そうしたときに初めて、見えてくる豊かな世界があります。それはとてもあたたかく、創造性や可能性に満ちていて、心地よいものです。

赤ちゃんや小さな子どもも「人」であり、心があります。まだ、すらすら話せないだけなのです。話せたら、きっといろいろ言うことでしょう。

子どもに、1人の人間として敬意をもって接すると、育児が楽しくなります。子どもとの間に安心感が生まれ、心のつながりが深まり、信頼関係ができるのです。

「ノー」を言える人がふえると、生きやすい世の中になっていく。(皆でガマンしてると、つらいまま。)

4　どんな関係になりたいですか？

「親子関係」は、「人間関係」。だとしたら、どんな関係になりたいと思いますか？　いちばんうれしい人間関係って、なんでしょうか？

いろいろな意見があると思います。

「すべてを飛び越えて、こよなく愛し合える関係」がいいなあと、私は思います。

何かができてもできなくても、言うことを聞いても聞かなくても、成長が早くてもゆっくりでも、大きくても小さくても、ただただ、無条件で大好き。そんなふうに愛されたら、すごく安心できる気がします。

もしも逆に、「優秀で外見も美しくて、おとなしくてしっかりしていて面倒をかけなくて、健康で病気にならなくて休まない、才能があってよく働く、そんなあなたがスキ」と言われたら、どう感じますか？

「ホントに私のことが好きなの？？」と不安になってきませんか？

「優秀なら」「健康なら」「言うことを聞けば」愛する、という愛し方は、「条件付きの愛情」です。子どものころからずっと、「条件付きの愛情」を受けると、なかなか「無条件の愛」を思い出せないことがあります。

でも、赤ちゃんは「無条件の愛」を知っています。

赤ちゃんは、たとえママやパパや出会う大人が、頭脳明晰だろうとそうでなかろうと、無職だろうと社長だろうと、障がいがあろうが、肌や髪の色がちがおうが、そんなことはまったく気にしません。区別も差別もせず、無条件で、「大好きだよ！」「仲良くしたいよ」とほほえみかけたりします。だから、赤ちゃんの無心の「無条件の愛」のある笑顔に、大人はほっとして、幸せな気持ちになるのでしょう。

子どもが生まれるということは、「こよなく愛し合う人間が、自分の人生にふえる」可能性があることなのです。

すべての条件を放り捨て、こよなく、愛する。

そうすると、何が起こるか？　まず、自分がなんだかとってもあったかくて幸せになります（幸せな親って、いいですよね）。そして子どもは、生き抜く底力、人生を楽しむ心が育ちます。人間にとってとても大切な、安心感、基本的な信頼感、肯定感が育つのです。

いい子ならかわいい
勉強したらいい子
「はい」と言ったらいい子
ずしっ
みしっ
「いい子」でないなら、うちの子じゃないっ
つーん
愛さないっ
えぇっ
「いい子」にします…
よしよし！
それなら愛する！
これが「条件付き」の愛情
がくっ
子どもはいつも不安。
ドキドキ
ハラハラ
いつ、きらわれるか…？

この場合の「いい子」は、「親の希望をかなえる子」、「親にとって都合のいい子」です。

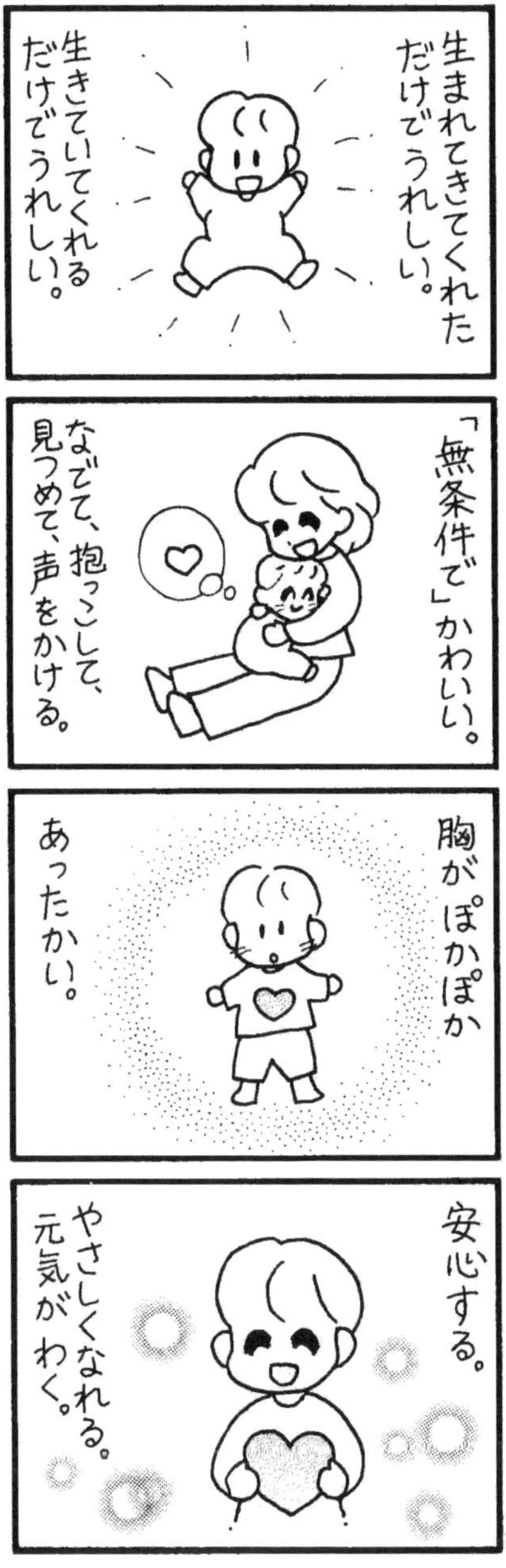
生まれてきてくれただけでうれしい。
生きていてくれるだけでうれしい。
「無条件で」かわいい。
なでて、抱っこして、見つめて、声をかける。
胸がぽかぽか
あったかい。
安心する。
やさしくなれる。元気がわく。

大人も、子どもも幸せな気持ちになります。

5 「しかる」とは「伝える」こと

子どものころ、私のことをしかる大人は、たいてい怒っていました。

そのため、「しかる」イコール「怒る」。私の中に、そういうイメージがありました。だから、子どもをしかることは気が重かったです。かつて私をしかった大人のようには、怒りたくなかったから。

でも、自分が親になって、子どもが1歳くらいになって動き回り始めると、「しかる」必要が出てきました。

ど、ど、どうしよう？

そのとき、私は「『しかる』って何だろう？」「何をしたくてしかっているんだろう？」と、自問自答して、よく考えました。すると、わかったのです！

私は、子どもに「この社会で共に生きていくために」必要なことを、「理解してほしい」「覚えてほしい」と思って、しかっているのだな、と。

「理解してほしい」なら、理解できるように、ていねいに伝えればいい。「覚えてほしい」なら、覚えるまで何回でも、根気よく伝えればいい。

なーんだ。怒る必要は、なかったんだ。

バンザイ！

「しかる」ことは、「伝える」ことであると気づくことができたのです。それなら、必ずしも、怒らなくていい！　やった〜〜〜！

うれしかったです。目の前が、ぱあーっと明るくなった気がしました。

私は子どものころ、親から感情的に怒られました。どなる、たたく、殴る、おどす、けなす、大事な物を壊す、廊下で長時間、正座させられる、など。そういうことをしないで「しかる」方法を知りたかったし、発明したかったのです。

「しかる」ことが「伝える」ことなら、「伝え方」を考えればいい。どう伝えたら、この子に伝わるか？　理解してもらえるか？　覚えてもらえるか？

4人の子どもたちを育てる中で、いろいろ学んだり、試行錯誤したりしながら、工夫してきました。

そうして編み出した方法を、この本や、インターネットや講座などでお伝えしています。

もしも人里はなれた山奥で1人で生きるなら、
どんな食べ方でもいいかも？
交通ルールを学ばなくても大丈夫かも。
車って何？
でも、だれかと食事をするなら
マナーを知ってほしい。一緒に楽しく食べるため。
車のある社会で生きるなら、
「赤は止まれ」だよ
交通ルールを覚えてほしい。命を守るために。

マナーも、ルールも、思いやりが根本にあることを意識していたい。(型にはめるのではなくて。)

親も生身の人間。
カッ
ついつい、怒りすぎちゃうことがあるかも。
そんなときは
しまった…
ずーん
私ってダメ…
自分を責めるよりも
いたわろう。
自分は、大変だったなー
どなられてたたかれて育ったし
いやだったなー
疲れがたまってたし
休もう…
そして、
言いすぎたよ。大きな声を出して、
たたいてごめんね
うん！
子どもにあやまろう。

何回でもあやまろう。

◎指しゃぶり、どうする?

気持ちを受け取めて、「心のつながり」を育てたい。 指しゃぶりを 禁止するのではなくて。

第3章

子どもが光る、
あったかいしかり方＆ほめ方

1　何度も伝える

「子どもに言っても聞かない」、「この前、教えたのに、また同じことをする。何度言えばいいのか？」と悩むことがありませんか？　なぜ、そうなのでしょうか？

実は私は3歳のころ、毎日同じことでしかられていました。「車があぶないから、道路を渡ってはいけない」と。親は毎回、たたいて怒りましたが、効果はありませんでした。（注：本当はたたいてはいけないです。）

とても痛くて、私が「ごめんなさい。もうしません」と言った、その瞬間にうそはないのですが、一晩寝ると思い出せなくなるのです。ある日、たたかれながら、ふと「あれ？　これと同じことが前にもあった気がする」と気づいて、「あれ？　昨日も、その前の日も、毎日、あった！」と思い出し、「どうして私は忘れていたんだろう？」と自分でも驚いたことがありました。

私が前日に言われたことを思い出せるようになったのは、4歳のときです。個人差があり、お子さんによっては2歳かもしれないし、5歳かもしれません。

目の前のことに夢中になると、言われたことを忘れてしまう。それは子どもが、「今」を生きる生き物だからです。今この瞬間を全力で生き、過去や未来のことはあまり考えない。すばらしい集中力がある。集中している時間に、脳も心も体も、ぐんと成長しています。

では、大人はどうしたらいいか？　同じことを何回でも、毎回、子どもに伝えます。「前にも言ったからわかっているはず」と考えずに、「5分たったら」「一晩たったら」もう1回、伝えるのです。

でも、何回も言うと大人もくたびれて、言い方に元気がなくなるかもしれません。「まったくもう、どうせ言ってもまたやるんでしょうけど、親として責任があるから一応言うね。それはやめなさい」というふうに。そうしたら、子どもの心にひびくでしょうか？

何とかして気を取り直し、「明るく」「本気で」伝えると、子どもが受け取りやすいです。根気よく、あきらめずに伝え続けていくことがとても大切です。

何度も伝えるうちに、子どもの中にしみこみ、やがて、成長とともにできるようになっていくでしょう。

遠くから言う
近くで言う
50cm以内くらい
こわく言う
聞きたくない。やる気出ない。
明るく言う
聞きやすい。やりやすい。
迷いながら言う
つかれた…
言っても、またやるんでしょ…
本気で言う
いつか、わかると信じてる！
あきらめる…
やめた…
何十回も言ったのに…
しーん
何回でも伝える
何百回でも、言おう
根気よく
そうだった！
ハッ

2　くわしく説明する

子どもに伝えるときは、くわしく説明しましょう。

小さな子どもは賢いのですが、どうしても人生経験が少なく、この世界のことをよく知りません。そのため、大人の話す意味が伝わっていないことがあります。

私は、3歳のときに交通事故にあいました。親から「車にぶつかったらあぶないから、道路を渡ってはいけません」と何百回も言われていたのに。

その言葉の意味を私が理解したのは、事故でけがをして病院に運ばれているときです。「車にぶつかるとあぶないというのは、こういうことだったのかー。なるほど！　たしかに、あぶないな」と納得しました。

そして、「こういうことならこういうことだと、教えてくれればよかったのに！　そうしたら、飛び出さずにいったん、立ち止まったかもしれないのに」と、残念に思ったのです。

「車にぶつかるとあぶない」、大人なら、その一言で意味がわかります。でも、3歳の私は交通事故を見たことがなく、「テーブルにぶつかるとあぶない」のと、「車にぶつかるとあぶない」のとが、どうちがうかも知らなかったのです。

そこで、私が親になったときは、子どもに説明しました。「車にぶつかると、痛くて血がいっぱい出るよ。病院のベッドでずっと寝ていなくてはならなくて、何十日も外で遊べないの。毎日、注射と点滴をするのよ」と。経験者なので、くわしいです。そのうえで、交通ルールを教えました。

他にも、公共の場で子どもに「静かにしてね」と言う場合は、「ここでは静かにしてね。話すときは小さな声で。このくらいの声だよ(小さな声で話す)」などと、実際にやって見せて説明すると伝わりやすいです。

思春期になった子にも説明しましょう。

たとえば深夜に帰宅した子に、どうして心配するのかを具体的に伝えます。「世の中にはわるいことをする人がいる」こと、その犯罪の手口各種、「路上に止まっている車からは離れて歩く」「イヤホンしたまま歩かない」など、たくさん説明できることがあります。「もっと早く帰りなさい！」とだけ言われるより、子どもは納得できるのではないでしょうか。

０歳の子にも
説明すると、
じっと聞く表情が
しんけん
かわいいです。
小さな子には
その年齢の子でも
わかるように話そう。
話すときは、おしつけ
がましくならないように、
さわやかに伝えると、
伝わりやすいです。
説明がないと
どーして？
はて？
？？？
わからない
なんのこっちゃ…
忘れやすい。
説明があると
そーなのか！
知らなかった～
ナットクしたぞ！
わかった～
おぼえやすい。
説明がないと
いーじゃん、おそくなったって！
オーボーだ!!
うちのオヤ、うるさい。
私を信じてないのね
反発するばかりかも。
説明があると
イヤホンは取ろう
ぴしっ
まわりをよく見よう
おそくなっても
気をつけるかも。

3　いい子だと思ってしかる

「子どもをしかるときは、その子のことを『いい子』だと思って、しかるのよ」。

育児サークル「よこはま自然育児の会」の先輩ママから教わった言葉です。最初は、なぞなぞのように不思議に感じました。でも、ためしにやってみたら、とても意味の深い、大切な言葉だとわかりました。

大事なわが子がわるいことをすると、親としてショックのあまり、動揺して、「なんてわるい子だろう！」と思ってしまうことがありませんか？「この子が将来、わるいことをする大人になったらどうしよう？」と先の先まで考えて責任を感じ、心配でいてもたってもいられなくなってしまったり。

でも、どんなお子さんも、本当は「やさしい、いい子」です。ただ、まちがえたり、うまくできなかったり、何かの事情があって、どうしようもなくわるいことをしてしまうことがあるのです。**わるいことをしても、「わるい子」と決めなくていいのです。**

もしも、子どもを「わるい子」だと思ってしかると、子どもは自信を失っていきます。「親は、自分のことを『わるい子、だめな子』と思っているのだな。悲しい。元気がなくなる。もう、どうでもいいや」と、やぶれかぶれになって、さらにわるいことをする可能性すらあります。

また、親も、「この子はわるい子なんだ…」と落ちこんで元気をなくし、子どもを否定して怒りすぎたり、あきらめて突き放したりしてしまうかもしれません。

子どもを「いい子」だと思ってしかると、子どもが安心できます。「何度わるいことをしても、親は自分を『本当はいい子だ』と信じてくれている。うれしい。元気が出る。勇気がわく。まちがえても失敗しても、自分は、きっと大丈夫だ。自分を信じられる気がしてくる。これからも、いろいろなことをやってみよう」と、前向きな気持ちになったりします。

そして親も、「いろいろあっても、この子は本当は、いい子なんだ」と思うと、投げ出さずに子どもに関わり続けることができます。**子どもに向ける表情も、子どもにかける言葉も、明るく肯定的なものとなり、子どもをあたたかくサポートできるのです。**

何かを伝えるとき、
表情
言い方
声のトーン
まなざし
スタンス
「ふんいき」がとても大切です。
ほわぁ…
ふんいきで、大きく変わる。
逆効果になったり、よく伝わったり。
よくないことは、やめるように教える。
よくないこと
×
人
○
でも、その子そのものは否定しない。
「罪を止めて、人を否定せず」
というのがいい。
「わるい子」と思ってしかると、
そうか。私は「わるい子」なんだ。
子どもが自信をなくしていきます。
親子関係がわるくなり、
もう、ほっといて！
子どもが話を聞かなくなるかも。
「いい子」と思ってしかると、
○○ちゃん
あれ？
どーしたの？まちがえちゃった？
それはこうだよね
あっ！
おしえてくれて、ありがとう！
お礼を言われることがあったりします。
（実話）

生まれたとき、赤ちゃんのときからイジワルな子や、わるい子はいない。本当は、皆いい子。

よくないことは、やめられるようにサポートする。

4 「私メッセージ」で言う

子どもにおもちゃを片付けてほしいとき、どんな言い方をしますか？

「あー、またこんなに散らかして。これからごはんなんだから、早く片付けてよ！」と言いそうになりませんか？　私も言ったことがあります。

この言い方は、よく見ると主語が「あなた」になっています。「（あなたが）こんなに散らかして、（あなたが）早く片付けてよ！」というふうに。

「あなた」を主語にすると、責めるような言い方になりやすいのです。言われた子どもはいやな気持ちになって、やる気が減ったり、しぶしぶ片付けたり、あるいは、片付けなかったりするかもしれません。

そこで、主語を「私」にすると、大きく変わります。

「あー、（おもちゃが）いっぱい散らかってるねえ。ごはんができたから、（私は）テーブルに運びたいんだけど。これだと、（私が）おもちゃをふんでしまいそう。ふんだら、（私は）足の裏が痛くてお味噌汁とか、こぼしてしまうかも。片付けてもらえたら、（私が）助かるなあ。」この言い方にすると子どもは、「おもちゃをふんだら痛いの？　痛い思いはさせたくないなあ」「お味噌汁をこぼすかも？　ふくのもたいへんだし、やけどしたらいやだな」などと考えることができます。そして、「親が痛くないように助けよう」と思って、「片付けよう」と心が動くのではないでしょうか？

「私」を主語にする言い方は、「私メッセージ」と呼ばれています。使えるようになると、パートナーや友人、親戚、ご近所や職場の人との会話にも役立ちます。

くわしく知りたいときは、「アサーティブ」で検索すると、講座や本が出てきます。もしも講座を受けるときは、実習タイムが多い講座がいいです。実際に練習することで使えるようになっていきます。

「私」を主語にする言い方は、「対等に」「相手を否定しない」「相手のせいにしない」「自分を大切にする」「自分の行動に自分で責任を取る」ことにつながる方法です。精神的に自立した姿勢で、人間関係が健康になっていく言い方でもあります。

大人が使っていると、子どもも、その言い方を覚えて、使い始めるかもしれないです。

あなたメッセージ
あなたが おもちゃを ちらかした
ぐさ
あなたが 片付けてよ
ぐさ
自分を守ることに集中してしまいます。
やだもん！
わーっ
私メッセージ
私が、困ってる
私は、こうしてほしい
私は、助かる
ほっ
安心すると、話を受けとめやすくなります。
きれいにするよ
事実を言う
おもちゃが床にいっぱいあるね
うん！
たしかに、
自分の気持ちを言う
もし、ふんだらイタイなあ
えっ！
リクエストする
床の上をきれいにしてもらえると助かるよ
そっかー
結論を言う
そうしたら、ごはんを運べるよ！
ごはん?!
わかったー

5 「未来が育つ言い方」で伝える

子どもがテーブルの横を歩いていて、テーブルに置いてあったコップに手がぶつかり、こぼしてしまったとします。どう声をかけますか？

「ああ、こぼしちゃって！　よく見て、気をつけてね」と言うかもしれません。その通りなのですが、ここで、ひと工夫してみます。

「ああ、こぼしちゃったね。**どうすればいいかな？**」と聞くのはどうでしょうか？

子どもは、以前、大人がぞうきんでふいていたのを思い出して、「ふくー」と答えるかも。そうしたら、「ふいてもらえる？」と頼む。子どもが知らなかったら、ぞうきんの置いてある場所を教えたり、ふき方を教えたりしてもいいです。そして、「きれいにふけたら、ぞうきんは洗濯かごに入れておいてね」と頼む。

そこまで子どもがやってくれたら、「ありがとう」とお礼を言うことができます。

こぼすという失敗をしたけれど、そこでふいてきれいにする家事を**覚えられた！**　次からも、ふいてくれるかもしれません。子どもがやってくれたら、大人は仕事が1つ減って、大助かりです。子どもは、「ありがとう」と言われて、うれしくて元気が出て、**自信がつく。**いいことばかりです！

これが、「未来が育つ言い方」です。

また、「コップをテーブルの端のほうに置いたら、ぶつかってこぼれやすいね」「次からはコップは、テーブルの真ん中に置こうか」と子どもと話し合う方法もあります。それも、「コップにぶつかって水をこぼさない」**未来を作る**ことになります。

うっかり忘れて、またテーブルの端のほうにコップを置くこともあるかもしれません。でも、何回も繰り返しているうちに、きっとテーブルの真ん中に置く回数がふえていくと思います。

他にも、「片付けてね」と言うよりも、「きれいにしてね」と言うほうが、イメージが浮かびやすいです。

子どもに伝えるときに、「これを『未来が育つ』言い方にするとしたら、どういう言い方があるだろう？」と、アイデアを出していくと、しかり方が明るくなっていきます。

あっ
こぼした! 気をつけてよ〜
ハーイ
ごめんなさい
うん
で、終わるよりも
あっ
こぼしたら、どうする?
タオルで、ふく!
ありがとう!
うん
このほうが、未来が育つ。
走っちゃだめー!
走らないで!
と、言うよりも
ここでは、歩いてね!
のほうが、伝わりやすい。
「走ったら
「だめ」
「走らないで」
どうしても、「走る」イメージが浮かぶ…。
脳の中で
「歩いて
「ね」
「歩く」が浮かぶ。
わかりやすい!
映像ができるのだ。

6　安心するほめ方と究極のほめ方

ほめ方には、いろいろな種類があります。

子どもが不安になるほめ方は、結果（成果）をほめることです。

たとえば、子どもがスポーツの試合に出たとしましょう。勝ったときに「すごいね！　えらいね！」とほめる。それは、「結果」をほめています。お子さんによっては、「毎回は勝てない。負けたら、認めてもらえないかも」と思って、不安になることがあります。「成功したら愛されるけど、失敗したら愛されないのではないか？」と思ってしまい、「条件付きの愛情」となってしまうことがあるのです。

また、「ほめられたいから」がんばるようになると、だれか他の人に「ほめられること」を基準に動いてしまい、無理をして心身をこわしたり、「自分がどうしたいか」がわからなくなったりする可能性があります。

子どもが安心するほめ方は、経過（プロセス）をほめる（認める）ことです。

試合で勝ったら、「いっぱい練習していたものね」と、負けたときは、「練習していたのにね」と言うことができます。勝っても負けても、経過（プロセス）であれば、ほめる（認める）ことができるのです。

自分がどんなふうにがんばってきたかを見ていて、わかってくれる人がいたら、ほっとしませんか？

そしてそれは、「やったー、うれしいね！」「残念だったね。悲しいね」と、ともに喜び、ともに悲しむことにもつながります。山あり谷ありの人生を生き抜いていく、心の大きな支えにもなるのです。

さらに、「究極のほめ方」があります。

「存在そのもの」をほめる、認めることです。子どもが「生まれてきたこと」「生きていること」をほめる、喜ぶ。朝、目覚めたら、「おはよう～。起きたんだね～」と喜ぶ。うまくいってもいかなくても、「あなたが生きているだけでうれしいよ」と無条件で見てくれる人がいたら、とても安心できるのではないでしょうか。

安心すると、子どもは（大人もですが）、のびのびと生き始めます。自然にやる気が出てきて、自分を大切にしながら個性を発揮したり、人生を楽しんだりするようになっていきます。

自分で着たよ！
できた！
みてー
へー
えらいね
100点とった！
やった、
100
うん
すごいね
あれ？
？
なんだかさびしい…
ほめられてるのに
作品のように「評価」されると、
いい
わるい
心は、離れていく。
自分で着たよ！
できた！
みてー
わぁ
うれしいねえ
やった、
「ともに喜ぶ」
あったかい。
できない！
ボタンが！
あら
くやしいねえ
かなしいね
「ともに悲しむ」
あったかい。
心がつながっていく。

7　知っておきたい落とし穴、3つ

「子どもに、しっかりした大人になってほしい」。そう願うときに、ついつい親がやりがちなことで、逆効果になってしまうことを3つ紹介します。

1つ目は、子どもの足りないところが気になってしまうことです。

子どもが「すでにできること」は何も言わず、「まだできていないこと」ばかりを子どもに言ってしまうのです。「いろいろなことができるようになってほしい」という親心ですが、子どもからすると、「できていないね」と否定されている気がしてしまいます。

大人でも、ごはんを作ったときに「そうじしてないね」と言われたら、いやになりませんか？「ごはん、おいしいよ！　作ってくれてありがとう！」と、「やったこと」を言ってもらえたら、元気が出ませんか？

「そのくらいあたりまえだ」と思わずに、「やったこと」「できたこと」を子どもに意識して言ってみましょう。歯みがきをまだしていなくても、「パジャマに着替えたね！」と「やったこと」を言います。子どもはやる気が出て、自信がついてきます。

2つ目は、他の人と比べてしまうことです。

子どもを、きょうだいや親戚の子、よその子と比べてしまう。成長のペースも個性も、全員ちがうのに。でも、自分も比べられて生きてきていると、つい、比べたくなるかもしれないです。もしどうしても比べるときは、**「過去のその子自身」と比べましょう。**たとえば、1年前のその子と比べたら、身長も、できることもふえているのではないでしょうか？　安心できたり、子どものすてきな個性が見えてきたりします。

3つ目は、失敗しないようにと育てることです。

人は、うまくいかない経験や失敗からこそ、たくさんのことを学びます。また、失敗をさけると新しいことにチャレンジしにくいです。命に関わることや犯罪でなければ、たとえ失敗しそうでも、おおらかに見守ってみるのはどうでしょうか。しかも失敗したあとは、どうやって立ち上がるか練習できる貴重なチャンスとなります。家の中で、**「失敗は成功のもと」「また経験がふえたね」という言葉が飛びかうと、子どもが安心して人生を切り開いていくことができます。**

大きい
小さい
色白だね
黒いね
足が速い
おそい
よく食べるね
少食だね
ありとあらゆる分野で…
私たち大人も、生まれてからずーっと比べられてきてたら、
つい、比べちゃうかも。
あの子と比べて、この子は
?
ハッ
あっ! また比べてる
意識して、比べるのをやめてみると
今日一日は、
比べないぞ
……あれ?
じーっ
この子って、かわいい!!
子どもがよく見えてきて、育児が楽しくなります。
コップの水を、どう見るか?
あーあ
半分しかない
半分ある!
やったー
子どもを、どう見るか?
あれをやってないね
これもできないね
自分はだめな子だ
がっくり…
あっ
それ、やったね
うんっ!
他のこともできる気がする!

◎怒りそうなときに、おだやかになる方法

よく「怒りそうなとき10、かぞえよう」と言うが、
1、2、・・・
子どもを相手に、私は
3、
待って!!
わーわー
それはむずかしかった。
ある日、くたびれていらいらしたときに、
○○ちゃん・・・
とりあえず、話しかけてみた。
だ〜いじょうぶだよ〜…
にっこり
ゆ〜っくりで、いいんだからね〜…
そのとき、発見。
ゆっくり話すと、
あれ?
すぅ〜…
おなかからおちつく…
おだやかになることを。
それに、自分で言ったことばが、
ゆっくりでいいんだ…
自分の耳にも入って、なんだか安心した。
ゆっくり話すと自然に、息を長く吐く。
ハ〜
ほそく ながく 吐く…
心がおちつく作用がある。
いらいらしたとき、怒りそうなときは、
大きく
いつもの2倍か3倍くらい
ゆ〜っくり話してみよう。

いらいらしてるとき、呼吸が浅くなっています。大きくゆっくり話すと、深呼吸になるのです。

第4章

今からでも育児は変えられる

1　すぐにはできない！　どんどん聞こう

親になったらすぐに、すらすら育児できるでしょうか？

「えーと、これでいいのかな？」とドキドキしながら育てたりしませんか？　初めての子はもちろん、2人目であっても、「2人の子の育児は初めて」です。「どうしたらいいの？」と悩む人がたくさんいます。

大丈夫です！　わからなくても、できないことがあっても、当然です。私もわからなかったです。

実は、「本能」だけで育児はむずかしい。育児は、人から人へ伝えられる、「文化」なのです。

よく、「母親なのに、なぜできないんだ」「父親なのに、なんでわからないんだ」という言葉を聞きますが、声を大にして言いたい。母親だって、父親だって、すぐにはできないし、わからないですよー！

やり方を教わって、初めて育児ができるのです。

他の人の育て方を見てまねしたり、自分が子どもだったときの記憶を参考にしたり、先輩ママ&パパや、助産師さんや保育士さんや医師や先生に聞いたり、育児書を読んでヒントにしたり、育児講座に参加したり。

わからないことは、どんどん聞いてみましょう。

せっかく子どもを授かったのに、悩んでばかりいたとしたら、もったいないです。「かわいいな」「楽しいな」「あー、なんだか、幸せだなあ」と思える時間がふえたら、うれしいですよね。

もしも聞いても納得できなかったら、また別の人に聞いてみましょう。いろいろな意見があるものです。

そして、子どもの反応や表情を見て、最終的に自分の直観で判断するといいと思います。**子どもがいきいきした表情をしているか？　のびのび動いているか？**

「自分は、育児が下手で悲しい」「親としてダメだなと落ち込む」、そういう声をときどき聞きます。

下手でいいのです。それに、カンペキな親はいません。だれでも、たぶん最初は下手です。それを「下手だからやめよう」とやめてしまったら、私も育児が続けられなかったと思います。

いろいろな人に教わりながら、たくさんのサポートを受けながら、育児をバージョンアップしていき、親として成長していけたらいいのではないでしょうか。

人は、本能だけでは育てられない。

2　今、育児は史上最悪の「人手不足」時代

「子ども1人を育てるのに、村全体の大人が必要」ということわざがあります。村全体というと、少なくとも何十人です。大きな村なら何百人、何千人です。

でも、現実はどうでしょうか？

親が1人か2人。祖父母が元気で協力できても、1人から4人、ふえるくらい。「村中の大人、何十人か何百人」と比べたら、はるかに少ない!!

今、育児は圧倒的な「人手不足」となっています。

もしも、「育児も家事も、仕事も中途半端」「クタクタで、子どもにやさしくなれないときがある」「家がぐちゃぐちゃ。掃除が追いつかない」「イライラする」というときは、「自分がわるい」と思う前に、この「人手不足」という言葉を思い出してほしいです。

じゅうぶんに人手があったら、育児や家事を分担できる人が何十人もいたら、安心してあずけられて自分の時間を持てたら、きっと心も体も楽になるでしょう。

現代は、人類の歴史の中でも急速に変化した、特別に育児しにくい環境だそうです。「密室育児」「ワンオペ育児」という、新しい言葉が生まれるほどに。

どんな変化だったのか？　たとえば、びっくりしたのが、私の母が初めて赤ちゃんを育てたときの話です。

赤ちゃんが泣くと、なんと隣近所のおばさんが3人、家に上がってきたそうです（そのころは外出するときしか、玄関に鍵をかけない風習でした）。そして赤ちゃんを抱きあげ、「おむつかな」「おなかがすいているのかな」と、お世話をしてくれたそうなのです。

きっとそのおばさんたちも、自分が初めて育児をしたときには、子育てが一段落した近所の年上の女性たちが、家に来てサポートしてくれたのでしょう。

私が初めて育児をしたときには、もう家に上がってくる人はいませんでした。時代は変わりました…。

育児は、大人1人ではできない、大事業です。親だけで背負わなくていいのです。だれでもいいわけではないですが、子どもを大切にしてくれる人を見つけて、近所の人、親戚、友人、ベビーシッター、ファミリーサポートセンター、保育士、子育て支援拠点の人、学校や学童の先生など、たくさんの人が育児に参加するようにして、皆で育てていけたらいいなと思います。

育児は24時間、365日。
朝から夜まで。夜中も。
どんなに体力がある人でも、
きゅ〜…
ぱた…
1人ではムリです。
疲れがたまると、イライラしたり
今日も
怒りすぎちゃった…
ごめんよ〜
スースー
どこがカワイイのか？
???
わからなくなってきた…
こういう、もったいないことになったりします。
何十人も育児に参加すると親は？？
休みが取れる
よゆうできた！
子どもがかわいいっ!!
何倍も。
子どもは？
たよれる大人がいっぱいいる！
人生、助け合って生きればいいんだな。
うちのオヤみたいに！
参加する大人は？
参加できて楽しい
あの子の成長を見守れる
かわいい！
それを見る人たちは？
大人1人か2人で育てなくていいんだ…
ホッ
それならできる気がする…
希望が持てる！

3　体罰がふえた意外な理由

「ドラえもん」や「クレヨンしんちゃん」のように、子どもが見るアニメの中にも、体罰が出てきます。ジャイアンはお母さんにどなられて、頭をグーで殴られる。しんちゃんはこめかみを両手でグリグリされたりする。頭にタンコブができて泣くシーンもある。

私自身も、たくさんの体罰を受けて育ちました。

でも、はたして、日本は昔から体罰が多かったのでしょうか？

『逝きし世の面影』（渡辺京二著、平凡社）という本があります。江戸時代や明治時代に、日本に来た海外の人たちが書き残した日記などをまとめた本です。

そこには、「日本では子どもをムチで打ったり、たたいたりすることがほとんどない」（欧米ではムチなどで子どもをたたく習慣があったそうです）と驚く欧米の人の話があります。「それなのに、日本の子どもたちは親を尊敬して、親の言うことをよく聞く」「いつもニコニコしていて、日本の子どもたちはとてもかわいくて幸せそう」、そして、「日本の犯罪率の低さに驚いた」と、感嘆の言葉が残っています。大切にされた子どもは、自分も他の人を大切にするようになります。犯罪もしないで済むのでしょう。

どうして、その後、体罰がふえたのでしょうか？

江戸時代の終わりに、ペリーが黒船で来て開国を迫り、日本は、侵略される不安の中、軍備増強しました。

その後、世界と戦争が続いて兵士が大量に必要になりました。そこで、戦争に不慣れな一般の人を、戦場でむりやり動かすために、体罰を使ったそうです。暴言で人格を否定して自信を失わせて、暴力で恐怖を与えて支配して、命令に逆らえば処刑もされるルールがありました（抗命罪）。

戦争から戻った元兵士の中には、自分がされたことを繰り返してしまう人たちがいました。

家でパートナーや子どもに、学校で生徒に、スポーツの指導の場で若い人に、職場で部下に、暴言をぶつけたり、暴力をふるったりしたのです。戦争が終わってからも、その影響は社会全体に残ってしまい、軍隊に入ったことがない人にも広がっていきました。

育児は、歴史の影響を大きく受けているのです。

これから へらそう！

これから、新作では変わるかな？

4　育児は歴史を変えていく

「ゆりかごをゆらす手は世界を動かす」という言葉があります。育児は、社会や歴史にも大きく影響していきます。育てられ方のちがいで、未来が変わっていくのです。子どもたちはやがて大人になり、社会を動かしていくのですから。

たとえば、『魂の殺人―親は子どもに何をしたか』(アリス・ミラー著、山下公子訳、新曜社）で、アリス・ミラーは、「ヒトラーは幼いころから何十発もムチでたたかれていた」ことを書いています。ヒトラーの父親は家庭で理不尽に暴力をふるって妻子を支配し、独裁者のようにふるまっていたそうです。母親は夫に従順で、ヒトラーを助けなかったそうです。

ここでヒトラーが「お父さん、お母さん、ひどいよ！」と怒りを表現できればよかったのですが、「子どもは親を批判してはいけない」という風潮があったために、ヒトラーは親への怒りを心の奥にしまい込みます。ため込まれた怒りは出口を求め、大人になったヒトラーは、父親そっくりの独裁者としてふるまい、理不尽に障がい者やユダヤ人などを迫害して、その心の痛みを表現したのだと解説されています。

また、『人はなぜ憎しみを抱くのか』（アルノ・グリューン著、上田浩二・渡辺真理訳、集英社）でも、精神科医のアルノ・グリューンが「歴史上のテロや独裁政治の原因が子ども時代の育てられ方にある」と説明しています。

子どもの心が大切にされ、敬意をもって育てられていたら、大人になってからも、他の人を大切にしたり、敬意をもって接したりするようになるでしょう。無条件の愛で、「子どものありのままの気持ちを受けとめる」ことが、子どもの心を大切にすることになります。

子どものころに周囲の大人との関係で安心できたら、その子が大人になったとき、だれもが安心して暮らせる、生きやすい社会を作っていくでしょう。

乳幼児の育児中は、社会との接点が減る気がするかもしれません。でも実は、抱っこしたり、授乳したり、寝かしつけたりして子どもを安心させる日々そのものが、生きやすい社会を作っていっているのです。

育児は、未来の歴史を創造することでもあります。

世界でいちばん大事な時間かも…。

5　次世代への連鎖を止める方法

「自分は子どものころ、どなられたり、たたかれたりした」「親には気持ちを聴いてもらえなかった」「そんな自分が子育てをしたら、安全な育児ができるか心配」。そういう場合は、どうしたらいいでしょうか？

大丈夫です！「安全な方法を学ぶ」ことと「自分の心のケアをすること」で、変えられます。

たとえば、私の親は聴き方をよく知らず、子どもの話をあまり聴けませんでした。そこで、「私は、子どもの話を聴ける親になりたい」と思い、コミュニケーション講座や、カウンセリング講座に通って、聴く姿勢や聴き方を学び、たくさん練習しました（使えるようになるには、練習、大事です！）。そして、子どもの気持ちを聴くことができるようになりました。

いろいろな心理講座にも通い、心のしくみや、親子関係、人間関係の中での心のはたらき（共依存や境界線など）についても学びました。育児書を読んだり、子どもを尊重する大人が出てくるドラマを見たりもしました。最近は育児講座がふえて、学びやすくなっています（昔はほとんどなかったのです）。

また、育児を始めてすぐに、自分の心が思った以上に傷ついていることに気づきました。心が傷ついているとその痛みで余裕がなくなり、安全な育児を学んでも、実際にはできないことがあります。頭ではわかっているのに、できない。そういうことが起こります。

そのときは、自分の子ども時代をふりかえることが、とても役に立ちます。私自身、いろいろな人のサポートを受けながら、その作業をたくさん、してきました。

「自分の親は、いい親だったと思いたい」、そういう心のはたらきがあって気づきにくいことがありますが、未来を変えたいときには、遠慮は無用です。「いやだったな」と認めることから、新しいやり方にチェンジできる道が開けるのです。

子どものころの違和感や、困ったこと、つらかった気持ちを思い出し、サポートを受けながら安心できる場で話したり、紙に書き出したりすると、傷の痛みが減って、心がおだやかに、自由になっていきます。

大人が自分の心のケアをすることで、子どもへの接し方が変わり、育児が安全なものになっていくのです。

カンペキでなくてもいい。
自分の親の育児より、少しでもよくしていけたらすごい。
1人でやらなくていい。
お互いに話したり
オンラインもある。
講座で習ったり
いっぱいサポートを受けよう。
相談したり
オンラインでも。
電話でも
対面でも
気持ちを聴いてもらったり
「学ぶこと」と「心のケア」で
育児が楽しくなります。
このごろ、なんか、シアワセ…
さらに楽しくなるのです〜。♡♪
みて！
私はたたかれて育ったけど、
おかげで、立派に大人になれた
親には感謝してるわ
いたかったけど。
いいオヤだった。私のオヤは、わるいはずがない。
そう思っていると、
自分が親になったとき、子どもをたたくかも。
ここは、分けよう。
私の親は、愛をくれた。愛情には感謝してる
でも、たたかない方法で育ててくれたら、そのほうがよかった
いたくないし！
「愛」と、「方法」は 分けられる！

◎家事をすると子どもが泣くときの対応

赤ちゃんを優先すると—
他のことができないっ!!
他のことを優先すると—
赤ちゃんが泣くっ!!
わーん
そんなときは、
は〜い
返事をしよう。
今、おいしいものを作っているのよ〜
わぁーん
説明もしよう。
ハーイ
もう少しね〜
わぁーっ
引きつづき、ときどき返事をしよう。
すると、子どもは
ふえーん
ママの声だ!うれしい
少し安心します。
安心すると、
あーん
ママ、
聞いてくれているんだね?!
一時的に大きく泣くこともありますが、
(小さくかわいく泣くこともあります。)
声をかけるのは、泣きやませるためではありません。
私は、
1人じゃない…
心のつながりを育てるためです。

返事をしてると、
ハーイ
あれ？
なんだか、気持ちがおちつく
ほっ…
大人も、気が楽になります。
そのあとの、
お待たせー
今、来たよ！
ママーッ、待ってたよ！
話しかけもスムーズです。
もし返事をしないと、
わあーん
……
なんとなく罪悪感がわいて、近寄りにくくなります。
ママ…？
……
やりきれない…
人手不足のあまり、
赤ちゃんが泣いても、
聞こえないことにしよう…
大人が、つらい決心をすることがある。
そんなとき、大人も、
なんか
くるしい…
自分の心にフタをしている。
そういうとき、
ママが心配…
ぎ～…
子どもも苦しげに泣いたりする。
育児には、大人が何人も必要。
でも、人手不足のときには、赤ちゃんに返事をしてみてね。

泣いている赤ちゃんに、やさしく返事をすることで、大人も子どもも心がやわらぐのです。

おすすめのサイト

・親の時間（親たちが時間を分け合ってお互いに聴き合う）
http://oyanojikan.iinaa.net/

・NPO 法人ファザーリング・ジャパン　笑っている父親になろう
https://fathering.jp/

・NPO 法人 Umi のいえ　いのち・こころ・からだ・くらしの学びあいの場
http://uminoie.org/

・世界のママが集まるオンラインカフェ（日本語で話せる場）
https://sekamamacafe.thebase.in/

・日本中の街ごとの助け合いをデザインする、AsMama
http://asmama.jp/

・一般社団法人　ドゥーラ協会（産後ケア）
https://www.doulajapan.com/

・公益財団法人　日本ダウン症協会
http://www.jdss.or.jp/

・くもといっしょに（帝王切開の情報・ケア）
https://www.withkumo.org/

・しあわせおっぱい（睡眠・母乳・化学物質過敏症など）
https://ameblo.jp/tarachiner/

・母乳 110 番
https://bonyuu110ban.com/

・NPO 法人　孫育て・ニッポン
https://www.magosodate-nippon.org/

・森へ行こう（心とからだと子育てと）
https://plaza.rakuten.co.jp/moriheikou/

・NPO 法人　TEENSPOST　スタジオ悠（家族問題・心のケア）
https://www.teenspost.jp/

・NPO 法人　ピルコン（性を学ぶ）
https://pilcon.org/

・NPO 法人　だっことおんぶの研究所（だっこ講座・おんぶ講座）
https://babywearing.org/

おすすめの本

『子育て――泣きたいときは泣いちゃおう！ 親子が最高に仲良くなるシンプルな方法』

（小野わこ 著／学陽書房）

いちばんおすすめの本。子どもと、親の心を聴く育児。


『子育てがずっとラクになる本 ――泣きたいときは泣かせてＯＫ！』

（パティ・ウィフラー 著／森田汐生 監訳／学陽書房）

割れたクッキー現象、お出かけだいなし現象とは？


『抱く子は育つ』

（マーサ・Ｇ・ウェルチ 著／石田遊子 訳／学苑社）

信頼関係が育つ、子どもの気持ちを聴く方法。


『ちょっと気になる子の育て方 ――「困った子」がみるみる「いい子」になる方法！』

（萩原光 著／学陽書房）

上手にダダこねをすると元気に育つ、その秘訣とは。


『それは「叱る」ことではありません ――どこまで叱るべきか迷うお母さんへ』

（柴田愛子 著／ＰＨＰ研究所）

「りんごの木」の代表が答える、珠玉のＱ＆Ａ。


『男の子に「厳しいしつけ」は必要ありません！ ――どならない、たたかない！で才能はぐんぐん伸びる』

（高祖常子 著／ＫＡＤＯＫＡＷＡ）

「男の子だから」と厳しくしなくて大丈夫。


『お母さんはしつけをしないで』

（長谷川博一 著／草思社）

女の子も男の子も、厳しすぎるしつけの危険性とは。


『自立心を育てるしつけ――親業・ゴードン博士』

（トマス・ゴードン 著／近藤千恵 訳／小学館）

親子の会話例が豊富。子どもを尊重する対話とは？


『新米祖父母の教科書 孫育て一年生』

（棒田明子 著／ＫＡＤＯＫＡＷＡ）

祖父母世代に向けて書かれた、今の育児の変化とは。

おすすめの本

『ボーイズ――男の子はなぜ「男らしく」育つのか』
（レイチェル・ギーザ 著／冨田直子 訳／DU BOOKS）

『これからの男の子たちへ――「男らしさ」から自由になるためのレッスン』
（太田啓子 著／大月書店）
男の子の心を守るために知っておきたい。

『いのちに贈る超自立論――すべてのからだは百点満点』
（安積遊歩 著／太郎次郎社エディタス）
助け合って生きる自立。命に優劣をつけない豊かさ。

『多様性のレッスン――車いすに乗るピアカウンセラー母娘が答える47のQ&A』
（安積遊歩・安積宇宙 著／ミツイパブリッシング）
人生の疑問に、目からウロコのヒントがいっぱい。

『お母さん、私を自由にして！』
（高橋リエ 著／飛鳥新社）
子を思いやれない親の、心理の解説。子への影響。

『マンガ　子ども虐待出口あり』
（イラ姫・信田さよ子 著／講談社）
家族に起きていることをユーモアとともに語る。

『虐待・親にもケアを――生きる力を取り戻すMY TREEプログラム』
（森田ゆり 著／築地書館）
傷ついた親の心をケアするグループワークの紹介。

『愛着障害――子ども時代を引きずる人々』
（岡田尊司 著／光文社）
たくさんの実例から、親子関係とその回復を考える。

『わが子に伝えたいお母さんのための性教育入門』
（直井亜紀 著／ゆむい マンガ／実務教育出版）
子どもの人生を支える、ホッとする伝え方とは？

著者略歴

すずき　ともこ

神奈川県生まれ。子どもは4人。

「心の育児」講師。マンガ家。イラストレーター。ベビーウェアリングコンシェルジュ（NPO法人だっことおんぶの研究所認定）。

「よこはま自然育児の会」会員。「母乳110番」相談員。コウ・カウンセラー。

著書に『赤ちゃんはおっぱい大すき ～マンガ母乳子育てライフ』（自然食通信社編）、著小冊子に「働きながら母乳育児を楽しむ20のヒント」（NPO法人子連れスタイル推進協会）がある。

趣味は映画鑑賞、読書（マンガも）、海や山や空を見ること、散歩。

ブログ　https://ameblo.jp/bonyu-kosodate/

子どもが光る　あったかいしかり方&ほめ方
親の気持ちもラクになる

2021年1月30日　第1刷発行

著　者　すずき　ともこ

発行所　一般社団法人　農山漁村文化協会
〒107-8668　東京都港区赤坂7丁目6―1
電話　03(3585)1142（営業）　03(3585)1145（編集）
FAX　03(3585)3668　振替　00120-3-144478
URL　http://www.ruralnet.or.jp/

ISBN978-4-540-20115-8　DTP製作／㈱農文協プロダクション
〈検印廃止〉　印刷／㈱新協
©すずきともこ 2021
製本／根本製本㈱
Printed in Japan　定価はカバーに表示
乱丁・落丁本はお取り替えいたします。

農文協の図書案内

漢方で免疫力をつける
ウイルス対策からウエルエイジングまで

仙頭正四郎 著　B6判 212頁 1600円+税

新型コロナウイルスとの付合いは長期戦となる。そこで漢方の視点で、ウイルス感染を防ぎ、感染しても発症しない、発症しても重症化しない免疫力を入手する方法を提案。自然の流れに沿って生命力をアップ。

ホリスティック医学入門
治りにくい病の根源を探る

降矢英成 著　A5判 196頁 1700円+税

治りにくい慢性症状が改善するホリスティック医学の治療法を紹介。慢性症状の8つの事例を入り口に、身体―心―魂・霊性―環境という全体的な視点から病に迫る。患者と医師が共同して病のサインを読み解いていく。

図解 食卓の薬効事典
野菜・豆類・穀類50種

池上文雄 著　A5判 204頁 2200円+税

日々の食材となる野菜・豆類・穀物のもつ健康増進効果、漢方の薬効について紹介。近年、あまり知られなくなったこれらの食材の効果的な食べ方、民間療法的な利用法を伝える。豊富な図・写真でその内容を解説した。

図解 山の幸・海の幸 薬効・薬膳事典
果実・キノコ・海藻・魚介50種

池上文雄 著　A5判 204頁 2200円+税

農耕・牧畜以前から人間を支えてきた山と海の食材は、人間の健康を古代から支えてきた。果実・キノコ・海藻・魚介などの山海食材50種を集め、漢方から見た薬効と薬膳的な利用法を追究。豊富な図解で利用法を解説。

（価格は改定になることがあります。）